CONGREGAÇÃO PARA OS INSTITUTOS
DE VIDA CONSAGRADA E AS SOCIEDADES
DE VIDA APOSTÓLICA

A VIDA FRATERNA EM COMUNIDADE

"CONGREGAVIT NOS IN UNUM CHRISTI AMOR"

7ª edição – 2009
4ª reimpressão – 2021

Nenhuma parte desta obra poderá ser reproduzida ou transmitida por qualquer forma e/ou quaisquer meios (eletrônico ou mecânico, incluindo fotocópia e gravação) ou arquivada em qualquer sistema ou banco de dados sem permissão escrita da Editora. Direitos reservados.

Paulinas
Rua Dona Inácia Uchoa, 62
04110-020 – São Paulo – SP (Brasil)
Tel.: (11) 2125-3500
http://www.paulinas.com.br – editora@paulinas.com.br
Telemarketing e SAC: 0800-7010081

© Pia Sociedade Filhas de São Paulo – São Paulo, 1994

Introdução

"Congregavit nos in unum Christi Amor"

1. O Amor de Cristo reuniu para se tornarem um só corpo um grande número de discípulos, a fim de que, como ele e graças a ele, no Espírito, pudessem, através dos séculos, responder ao amor do Pai, amando-o "com todo o coração, com toda a alma e com todas as forças" (Dt 6,5) e amando o próximo "como a si mesmos" (cf. Mt 22,39).

Entre esses discípulos, os reunidos nas comunidades religiosas, mulheres e "homens de todas as nações, tribos, povos e línguas" (cf. Ap 7,9), foram e são ainda hoje expressão particularmente eloqüente desse sublime e ilimitado Amor.

Nascidos "não da vontade da carne e do sangue", não de simpatias pessoais ou de motivos humanos, mas "de Deus" (Jo 1,13), de uma vocação divina e de uma divina atração, as comunidades religiosas são um sinal vivo da primazia do Amor de Deus, que opera suas maravilhas, e do amor a Deus e aos irmãos, como foi manifestado e praticado por Jesus Cristo.

Dada sua influência para a vida e a santidade da Igreja, é importante examinar a vida das comunidades religiosas concretas, tanto as monásticas e contemplativas, como as dedicadas à atividade apostólica, cada uma segundo seu caráter específico. O que se diz das comunidades religiosas refere-se também às comunidades das sociedades de vida apostólica, levando em conta seu caráter e sua legislação própria.

a) O tema deste Documento tem presente um fato: a fisionomia que hoje manifesta "a vida fraterna em comum" em numerosos países revela muitas mudanças em relação ao passado. Tais mudanças, como também as esperanças e as desilusões que as acompanharam e ainda as acompanham, requerem uma reflexão à luz do Concílio Vaticano II. Elas produziram efeitos positivos, mas também outros mais discutíveis. Enfatizaram não poucos valores evangélicos, dando nova vitalidade à comunidade religiosa, mas também suscitaram perplexidades por terem obscurecido alguns elementos típicos dessa mesma vida fraterna vivida em comunidade. Em alguns lugares, parece que a comunidade religiosa perdeu importância aos olhos dos religiosos e religiosas, não sendo mais, talvez, um ideal a ser buscado.

Com a serenidade e a urgência de quem busca a vontade do Senhor, muitas comunidades quiseram avaliar essa transformação, para corresponder melhor à própria vocação no meio do Povo de Deus.

b) São muitos os fatores que determinaram as mudanças das quais somos testemunhas:

— O "retorno constante às fontes da vida cristã e à primitiva inspiração dos institutos".[1] Esse encontro mais profundo e mais pleno com o Evangelho e com a primeira irrupção do carisma fundacional foi um vigoroso impulso para a aquisição do verdadeiro espírito que anima a fraternidade e para o estabelecimento de estruturas e usos que devem exprimi-lo adequadamente. Onde o encontro com essas fontes e com a inspiração originária foi parcial ou fraco, a vida fraterna correu riscos e sofreu certa diminuição de vigor.

— Esse processo, porém, aconteceu também dentro de outras transformações mais gerais, que são como que sua moldura existencial, e a cujas repercussões a vida religiosa não podia subtrair-se.[2]

A vida religiosa é uma parte vital da Igreja e vive no mundo. Os valores e os contravalores que fermentam numa época ou num ambiente cultural e as estruturas sociais que os revelam pressionam à porta da vida de todos, inclusive da Igreja e de suas comunidades religiosas. Estas últimas, ou constituem um fermento evangélico da sociedade, anúncio da Boa Nova em meio ao mundo, proclamação, no tempo, da Jerusalém celeste, ou

1. PC 2.
2. Cf. PC 2-4.

sucumbem com um declínio mais ou menos longo, simplesmente porque se conformaram ao mundo. Por isso, a reflexão e as novas propostas sobre a "vida fraterna em comum" deverão levar em conta tais circunstâncias.

— Todavia, também o desenvolvimento da Igreja influiu profundamente nas comunidades religiosas. O Concílio Vaticano II, como acontecimento de graça e como expressão máxima da atuação pastoral da Igreja neste século, teve influência decisiva sobre a vida religiosa; não somente em virtude do Decreto *Perfectae Caritatis*, a ela dedicado, mas também da eclesiologia conciliar e de cada um de seus documentos.

Por todas essas razões, o presente Documento, antes de entrar diretamente no assunto, inicia com um panorama das mudanças acontecidas nos aspectos que influenciaram mais de perto a qualidade da vida fraterna e seu modo de atuação nas várias comunidades religiosas.

Desenvolvimento teológico

2. O Concílio Vaticano II deu uma contribuição fundamental à revalorização da "vida fraterna em comum" e à renovada visão da comunidade religiosa.

Foi o *desenvolvimento da eclesiologia* que influiu, mais do que qualquer outro fator, sobre a evolução da compreensão da comunidade religiosa. O Vaticano II afirmou que a vida religiosa pertence "firmemente" *(inconcusse)* à vida e à santidade da Igreja e a situou justamente no coração de seu mistério de comunhão e de santidade.[3]

A comunidade religiosa participa, portanto, da renovada e aprofundada visão da Igreja. Daí algumas conseqüências:

a) *Da Igreja-Mistério à dimensão mistérica da comunidade religiosa*

A comunidade religiosa não é um simples aglomerado de cristãos em busca da perfeição pessoal. Em sentido muito mais profundo, é participação e testemunho qualificado da Igreja-Mistério, enquanto expressão viva e realização privilegiada de sua peculiar "comunhão", da grande *koinonia* trinitária de que o Pai quis fazer participar os homens no Filho e no Espírito Santo.

b) *Da Igreja-Comunhão à dimensão comunional-fraterna da comunidade religiosa*

A comunidade religiosa, em sua estrutura, em suas motivações, em seus valores qualificantes, torna publicamente visível e continuamente perceptível o dom da fraternidade feito por Cristo a toda a Igreja. Por isso mesmo, ela tem como compromisso irrenunciável e como missão: ser e apa-

3. Cf. LG 44 d.

recer como uma célula de intensa comunhão fraterna que seja sinal e estímulo para todos os batizados.[4]

c) *Da Igreja animada pelos Carismas à dimensão carismática da comunidade religiosa*

A comunidade religiosa é célula de comunhão fraterna, chamada a viver animada pelo carisma fundacional; é parte da comunhão orgânica de toda a Igreja, sempre enriquecida pelo Espírito com variedade de ministérios e de carismas.

Para entrar e fazer parte de tal comunidade faz-se necessária a graça particular de uma vocação. Concretamente, os membros de uma comunidade religiosa aparecem unidos por um *comum chamado de Deus* na linha do *carisma fundacional,* por uma típica comum consagração eclesial e por uma comum resposta na participação "na experiência do Espírito" vivida e transmitida pelo fundador e na participação em sua missão na Igreja.[5]

Esta quer também receber com reconhecimento os carismas "mais comuns e difundidos",[6] que Deus distribui entre seus membros para o bem de todo o Corpo. A comunidade religiosa existe para a Igreja, para significá-la e enriquecê-la,[7] para torná-la mais apta a cumprir sua missão.

4. Cf. PC 15 a; LG 44 c.
5. Cf. MR 11.
6. LG 12.
7. Cf. MR 14.

d) *Da Igreja-Sacramento de unidade à dimensão apostólica da comunidade religiosa*

O sentido do apostolado é reconduzir a humanidade à união com Deus e à unidade, mediante a caridade divina. A vida fraterna em comum, como expressão da união realizada pelo amor de Deus, além de constituir um testemunho essencial para a evangelização, tem grande importância para a atividade apostólica e para sua finalidade última. Daí a força de sinal e de instrumento da comunhão fraterna da comunidade religiosa. A comunhão fraterna está, de fato, no início e no fim do apostolado.

O Magistério, do Concílio em diante, aprofundou e enriqueceu com novos contributos a renovada visão da comunidade religiosa.[8]

Desenvolvimento canônico

3. *O Código de Direito Canônico* (1983) concretiza e precisa as disposições conciliares relativas à vida comunitária.

Quando se fala de "vida comum", é preciso distinguir claramente dois aspectos. Enquanto o Código de 1917[9] poderia dar a impressão de ter-se concentrado sobre elementos externos e sobre a uniformidade do estilo de vida, o Vaticano II[10] e o novo Código[11] insistem explicitamente na dimen-

---

8. Cf. ET 30-39; MR 2,3 10 e 14; EE 18-22; PI 25-28; cf. também cân. 602.
9. Cân. 594 § 1.
10. Cf. PC 15.
11. Cf. cân. 602 e 619.

são espiritual e no laço de fraternidade que deve unir na caridade todos os membros. O novo Código sintetizou esses dois aspectos falando de "levar vida fraterna em comum".[12]

Podem-se distinguir na vida comunitária dois elementos de união e de unidade entre os membros:

— um mais espiritual: é a "fraternidade" ou "comunhão fraterna", que parte dos corações animados pela caridade. Ressalta a "comunhão de vida" e o relacionamento interpessoal.[13]

— o outro mais visível: é a vida em comum ou "vida de comunidade" que consiste no "habitar na própria casa religiosa legitimamente constituída" e no "levar vida comum" através da fidelidade às mesmas normas, da participação nos atos comuns, da colaboração nos serviços comuns.[14]

Tudo isso é vivido "segundo um estilo próprio"[15] nas várias comunidades, de acordo com o carisma e o direito próprio do instituto.[16] Daí a importância do direito próprio que deve aplicar à vida comunitária o patrimônio de cada instituto e os meios para realizá-lo.[17]

12. Cân. 607 § 2.
13. Cf. cân. 602.
14. Cf. cân. 608, 665.
15. Cân. 731 § 1.
16. Cf. cân. 607 § 2; cf. cân. 602.
17. Cf. cân. 587.

É claro que a "vida fraterna" não será automaticamente realizada pela observância das normas que regulam a vida comum; mas é evidente que a vida em comum tem a finalidade de favorecer intensamente a vida fraterna.

Desenvolvimento na sociedade

4. A sociedade evolui continuamente, e os religiosos e as religiosas, que não são do mundo mas vivem no mundo, sentem seus influxos.

Aqui se destacam só alguns aspectos que influíram mais diretamente na vida religiosa em geral e na comunidade religiosa em particular:

a) *Os movimentos de emancipação política e social* no Terceiro Mundo e o crescente processo de industrialização levaram, nas últimas décadas, ao surgimento de grandes mudanças sociais, a uma atenção especial para com o "desenvolvimento dos povos" e para com as situações de pobreza e miséria. As Igrejas locais reagiram vivamente a esses desdobramentos.

Sobretudo na América Latina, através das assembléias do Episcopado Latino-Americano de *Medellín, Puebla* e *São Domingos,* alçou-se ao primeiro plano "a opção evangélica e preferencial pelos pobres",[18] com a conseqüente ênfase no compromisso social.

As comunidades religiosas sensibilizaram-se grandemente e muitas foram levadas a repensar

18. SD 178 e 180.

seu modo de presença na sociedade, tendo em vista um serviço mais imediato aos pobres, até mesmo inserindo-se entre eles.

O impressionante crescimento da miséria nas periferias das grandes cidades e o empobrecimento do meio rural aceleraram o processo de "deslocamento" de não poucas comunidades religiosas para esses ambientes populares.

Em todas as partes, impõe-se o desafio da inculturação. As culturas, as tradições, a mentalidade de um país influem também sobre o modo de realizar a vida fraterna nas comunidades religiosas.

Ainda mais: os recentes grandes movimentos migratórios levantam o problema da convivência das diversas culturas e o da reação racista. Tudo isso repercute também nas comunidades religiosas pluriculturais e multirraciais, que se tornam cada vez mais numerosas.

b) *A reivindicação da liberdade pessoal e dos direitos humanos* esteve na base de um vasto processo de democratização que favoreceu o desenvolvimento econômico e o crescimento da sociedade civil.

No período imediatamente posterior ao Concílio, esse processo — principalmente no Ocidente — sofreu uma aceleração caracterizada por momentos de "assembleísmo" e por atitudes antiautoritárias.

A contestação da autoridade não poupou nem mesmo a Igreja e a vida religiosa, com conseqüências evidentes também na vida comunitária. A unilateral e exacerbada acentuação da liberdade contribuiu para difundir no Ocidente a cultura do individualismo, com o enfraquecimento do ideal da vida comum e do compromisso com projetos comunitários. Deve-se assinalar, também, as reações igualmente unilaterais: isto é, evasões para esquemas seguros de autoridade, baseados na confiança cega num guia que garanta a segurança.

c) *A promoção da mulher,* um dos sinais dos tempos segundo o Papa João XXIII, teve não poucas ressonâncias na vida das comunidades cristãs de diversos países.[19] Mesmo que em algumas regiões o influxo de correntes extremistas do feminismo esteja condicionando profundamente a vida religiosa, quase em todas as partes as comunidades religiosas femininas estão na positiva busca de formas de vida comum consideradas mais adequadas à renovada consciência da identidade, da dignidade e do papel da mulher na sociedade, na Igreja e na vida religiosa.

d) *A explosão das comunicações,* a partir dos anos 60, influenciou notável e, às vezes, dramaticamente, o nível geral da informação, o sentido de responsabilidade social e apostólica, a mobilidade apostólica, a qualidade das relações internas, para não falar do estilo concreto de vida e do clima de recolhimento que deveria caracterizar a comunidade religiosa.

19. Cf. *Mulieris dignitatem;* cf. também GS 9, 60.

e) O *consumismo e o hedonismo,* junto com um enfraquecimento da visão de fé, próprio do secularismo, em muitas regiões não deixou de alcançar as comunidades religiosas, submetendo a dura prova a capacidade de algumas de "resistir ao mal"; mas suscitam também novos estilos de vida pessoal e comunitária que são um límpido testemunho evangélico para nosso mundo.

Tudo isso constituiu um desafio e um chamado a viver com mais vigor os conselhos evangélicos, também como sustentáculo do testemunho da comunidade cristã.

Mudanças na vida religiosa

5. Houve, nestes últimos anos, mudanças que atingiram profundamente as comunidades religiosas.

a) *Nova configuração nas comunidades religiosas.* Em muitos países, as iniciativas crescentes do Estado em setores onde antes atuava a vida religiosa — tais como a assistência, a escola e a saúde —, juntamente com a diminuição das vocações, fez diminuir a presença dos religiosos nas obras típicas dos institutos apostólicos. Diminuem assim as grandes comunidades religiosas a serviço de obras visíveis que caracterizaram, por longo período, a fisionomia dos diversos institutos.

Ao mesmo tempo, preferiram-se, em algumas regiões, comunidades menores formadas por religiosos inseridos em obras não-pertencentes ao instituto, embora freqüentemente na linha de seu carisma. Isso influi notavelmente sobre o tipo de vida comum, exigindo uma mudança nos ritmos tradicionais.

Às vezes o sincero desejo de servir à Igreja, o apego às obras do instituto, bem como as prementes solicitações da Igreja particular podem facilmente levar religiosos e religiosas a sobrecarregar-se de trabalho, com uma conseqüente menor disponibilidade para a vida comum.

b) O aumento de apelos de participação para responder às solicitações das necessidades mais urgentes (pobres, drogados, refugiados, marginalizados, deficientes, doentes de todo tipo) tem suscitado, da parte da vida religiosa, respostas de admirável e admirada doação.

Mas isso fez emergir também a exigência de mudanças na fisionomia tradicional das comunidades religiosas, porque consideradas por alguns pouco aptas para afrontar as novas situações.

c) *O modo de compreender e viver* o próprio trabalho num contexto secularizado, entendido, antes de tudo, como o simples exercício de um ofício ou de uma profissão determinada, e não como o cumprimento de uma missão de evangelização, algumas vezes relegou à sombra a realidade da *consagração* e a dimensão espiritual da vida religiosa. Por vezes esteve-se a ponto de considerar a vida fraterna em comum como um obstáculo ao próprio apostolado ou como um mero instrumento funcional.

d) *Uma nova concepção da pessoa* emergiu imediatamente após o Concílio, resgatando o valor de cada pessoa e de suas iniciativas. Logo depois se fez vivo um agudo sentido da comunidade entendida como vida fraterna que se constrói mais sobre a qualidade das relações interpessoais que sobre os aspectos formais da observância regular.

Tais ênfases, em alguns lugares, foram radicalizadas (daí as tendências opostas: individualismo e comunitarismo), sem ter, às vezes, chegado a uma composição satisfatória.

e) *As novas estruturas de governo,* emersas das Constituições renovadas, exigem muito mais participação dos religiosos e das religiosas. Decorre daí um modo diferente de enfrentar os problemas: através do diálogo comunitário, da co-responsabilidade e da subsidiariedade. São todos os membros que são chamados a se envolver nos problemas da comunidade. Isso muda consideravelmente as relações interpessoais, com conseqüências no modo de ver a autoridade. Em não poucos casos a esta última custa muito na prática reencontrar seu exato lugar nesse novo contexto.

O conjunto das mudanças e das tendências acima acenadas influiu na fisionomia das comunidades religiosas de maneira profunda, mas também diferenciada. As diferenças, às vezes bastante notáveis, dependem — como é fácil compreender — da diversidade das culturas e dos diversos continentes, do fato de que as comunidades sejam femininas ou masculinas, do tipo de vida religiosa e de instituto, da diversa atividade e do relativo empenho de releitura e de reatualização do carisma do fundador, da maneira diversa de posicionar-se diante da sociedade e da Igreja, da diferente recepção dos valores propostos pelo Concílio, das diferentes tradições e modos de vida comum e das diferentes maneiras de exercer a autoridade e de promover a renovação da formação permanente. De fato os problemas são só em parte comuns; antes, tendem a diferenciar-se.

Objetivos deste Documento

6. À luz dessas novas situações, a finalidade do presente Documento é apoiar os esforços feitos por muitas comunidades de religiosas e de religiosos para melhorar a qualidade de sua vida fraterna. Isso se fará oferecendo alguns critérios de discernimento, tendo em vista uma autêntica renovação evangélica.

Este Documento pretende, além disso, oferecer motivos de reflexão para aqueles que se afastaram do ideal comunitário, a fim de que reconsiderem seriamente a necessidade da vida fraterna em comum para quem se consagrou ao Senhor num instituto religioso ou se incorporou a uma sociedade de vida apostólica.

7. Para esse fim, apresenta-se a seguir:

a) A comunidade religiosa *como dom:* antes de ser projeto humano, a vida fraterna em comum faz parte do projeto de Deus, que quer comunicar sua vida de comunhão.

b) A comunidade religiosa *como lugar de fraternização:* os caminhos mais adequados para construir a fraternidade cristã por parte da comunidade religiosa.

c) A comunidade religiosa *como lugar e sujeito da missão:* as opções concretas que a comunidade religiosa é chamada a fazer e os critérios de discernimento nas diversas situações.

Para introduzir-nos no mistério da comunhão e da fraternidade e antes de empreender o difícil discernimento necessário para um renovado esplendor evangélico de nossas comunidades, é necessário invocar humildemente o Espírito Santo para que realize aquilo que somente ele pode realizar: "Dar-vos-ei um coração novo, porei em vosso peito um espírito novo; tirarei de vós o coração de pedra e dar-vos-ei um coração de carne... Sereis meu povo e serei vosso Deus" (Ez 36,26-28).

CAPÍTULO I

O dom da comunhão e da comunidade

8. Antes de ser construção humana, a comunidade religiosa é um dom do Espírito. De fato, é do amor de Deus difundido nos corações por meio do Espírito que a comunidade religiosa se origina e por ele se constrói como uma verdadeira família reunida no nome do Senhor.[1]

Não se pode compreender a comunidade religiosa sem partir do fato de ela ser dom do Alto, de seu mistério e de seu radicar-se no coração mesmo da Trindade santa e santificante, que a quer como parte do mistério da Igreja, para a vida do mundo.

A Igreja como comunhão

9. Criando o ser humano à própria imagem e semelhança, Deus o criou para a comunhão. O Deus criador que se revelou como Amor, Trindade, comunhão, chamou o homem a entrar em íntima relação com ele e à comunhão interpessoal, isto é, à fraternidade universal.[2]

---

1. Cf. PC 15 a; cf. também cân. 602.
2. Cf. GS 3.

Essa é a mais alta vocação do homem: entrar em comunhão com Deus e com os outros homens seus irmãos.

Esse desígnio de Deus foi comprometido pelo pecado que quebrou todo tipo de relação: entre o gênero humano e Deus, entre o homem e a mulher, entre irmão e irmã, entre os povos, entre a humanidade e a criação.

Em seu grande amor, o Pai mandou seu Filho para que, novo Adão, reconstituísse e levasse toda a criação à plena unidade. Ele, vindo entre nós, constituiu o início do novo povo de Deus, chamando, ao redor de si, apóstolos e discípulos, homens e mulheres, parábola viva da família humana reunida em unidade. A eles anunciou a fraternidade universal no Pai que nos fez seus familiares, filhos seus e irmãos entre nós. Assim ensinou a igualdade na fraternidade e a reconciliação no perdão. Inverteu as relações de poder e de domínio, dando ele mesmo o exemplo de como servir e escolher o último lugar. Durante a última ceia, confiou-lhes o mandamento novo do amor mútuo: "Eu vos dou um novo mandamento: que vos ameis uns aos outros; como eu vos tenho amado, assim amai-vos também vós uns aos outros" (Jo 13,34; cf. 15,12); instituiu a Eucaristia que, fazendo-nos comungar no único pão e no único cálice, alimenta o amor mútuo. Dirigiu-se então ao Pai pedindo, como síntese de seus desejos, a unidade de todos conforme o modelo da unidade trinitária: "Meu

Pai, que eles estejam em nós, assim como tu estás em mim e eu em ti; que eles sejam um!" (Jo 17,21).

Entregando-se, depois, à vontade do Pai, no mistério pascal, realizou a unidade que ensinara os discípulos a viver e que pediu ao Pai. Com sua morte de cruz, destruiu o muro de separação entre os povos, reconciliando todos na unidade (cf. Ef 2,14-16), ensinando-nos assim que a comunhão e a unidade são o fruto da participação em seu mistério de morte.

A vinda do Espírito Santo, primeiro dom aos que têm fé, realizou a unidade querida por Cristo. Efundido sobre os discípulos reunidos no cenáculo com Maria, deu visibilidade à Igreja, que, desde o primeiro momento, se caracteriza como fraternidade e comunhão, na unidade de um só coração e de uma só alma (cf. At 4,32).

Essa comunhão é o vínculo da caridade que une entre si todos os membros do mesmo Corpo de Cristo, e o Corpo com sua Cabeça. A mesma presença vivificante do Espírito[3] constrói em Cristo a coesão orgânica: ele unifica a Igreja na comunhão e no ministério; ele a coordena e dirige com diversos dons hierárquicos e carismáticos que se complementam entre si; ele a embeleza com seus frutos.[4]

Em sua peregrinação por este mundo, a Igreja, una e santa, caracterizou-se constantemente

3. Cf. LG 7.
4. Cf. LG 4; MR 2.

por uma tensão, muitas vezes sofrida, rumo à unidade efetiva. Ao longo de seu caminho histórico, tomou sempre maior consciência de ser povo e família de Deus, Corpo de Cristo, Templo do Espírito, Sacramento da íntima união do gênero humano, comunhão, ícone da Trindade. O Concílio Vaticano II ressaltou, como talvez nunca antes, a dimensão mistérica e comunional da Igreja.

A comunidade religiosa, expressão da comunhão eclesial

10. A vida consagrada, desde seu nascimento, compreendeu essa íntima natureza do cristianismo. De fato, a comunidade religiosa se sentiu em continuidade com o grupo daqueles que seguiam a Jesus. Ele os havia chamado pessoalmente, um a um, para viver em comunhão com ele e com os outros discípulos, para compartilhar sua vida e destino (cf. Mt 3,13-15), de modo a serem sinal da vida e da comunhão inaugurada por ele. As primeiras comunidades monásticas olharam para a comunidade dos discípulos que seguiam a Cristo e para a comunidade de Jerusalém como para um ideal de vida. Como a Igreja nascente, tendo um só coração e uma só alma, os monges, reunindo-se entre si ao redor de um guia espiritual, o abade, propuseram-se a viver a radical comunhão dos bens materiais e espirituais e a unidade instaurada por Cristo. Essa comunhão encontra seu arquétipo e seu dinamismo unificante na vida de unidade das Pessoas da Santíssima Trindade.

Nos séculos seguintes, surgem múltiplas formas de comunidade sob a ação carismática do Espírito. Ele, que perscruta o coração humano, vai-lhes ao encontro e responde às suas necessidades. Suscita assim homens e mulheres que, iluminados com a luz do Evangelho e sensíveis aos sinais dos tempos, dão vida a novas famílias religiosas e, portanto, a novas maneiras de atuar a única comunhão, na diversidade dos ministérios e das comunidades.[5]

De fato, não se pode falar, de modo unívoco, de comunidade religiosa. A história da vida consagrada testemunha maneiras diferentes de viver a única comunhão, de acordo com a natureza de cada um dos institutos. Assim, hoje podemos admirar a "maravilhosa variedade" das famílias religiosas das quais a Igreja é rica e que a tornam apta para qualquer boa obra;[6] portanto, podemos admirar a variedade das formas de comunidades religiosas.

No entanto, na variedade de suas formas, a vida fraterna em comum sempre apareceu como uma radicalização do comum espírito fraterno que une todos os cristãos. A comunidade religiosa é visualização da comunhão que funda a Igreja e, ao mesmo tempo, profecia da unidade à qual tende como sua meta final. "Peritos em comunhão, os religiosos são chamados a ser, na comunidade eclesial e no mundo, testemunhas e artífices daquele

5. Cf. PC 1; EE 18-22.
6. Cf. PC 1.

projeto de comunhão que está no vértice da história do homem segundo Deus. Antes de tudo, com a profissão dos conselhos evangélicos, que liberta de qualquer impedimento o fervor da caridade, eles se tornam comunitariamente sinal profético da íntima união com Deus, sumamente amado. Além disso, pela cotidiana experiência de uma comunhão de vida, de oração e de apostolado, como componente essencial e distintivo de sua forma de vida consagrada, fazem-se 'sinal de comunhão fraterna'. De fato, num mundo muitas vezes tão profundamente dividido e diante de todos os seus irmãos na fé, testemunham a capacidade de comunhão dos bens, do afeto fraterno, do projeto de vida e de atividade. Essa capacidade lhes provém do fato de terem atendido ao convite para seguir mais livremente e mais de perto Cristo Senhor, enviado pelo Pai, a fim de que, primogênito entre muitos irmãos, instituísse, no dom de seu Espírito, uma nova comunhão fraterna."[7]

Isso será tanto mais visível quanto mais eles sentirem, não só com e dentro da Igreja, mas também sentirem a Igreja, identificando-se com ela em plena comunhão com sua doutrina, sua vida, seus pastores, seus fiéis e sua missão no mundo.[8]

Particularmente significativo é o testemunho dado pelos contemplativos e pelas contemplativas. Para eles a vida fraterna tem dimensões mais vas-

7. RPH, 24.
8. Cf. PI 21-22.

tas e mais profundas, que derivam da exigência fundamental de sua especial vocação, isto é, a busca somente de Deus no silêncio e na oração.

Sua contínua atenção a Deus torna mais delicada e respeitosa a atenção aos outros membros da comunidade; a contemplação se torna uma força libertadora de qualquer forma de egoísmo.

A vida fraterna em comum, num mosteiro, é chamada a ser sinal vivo do mistério da Igreja: quanto maior o mistério da graça, tanto mais rico o fruto da salvação.

Assim, o Espírito do Senhor, que reuniu os primeiros fiéis e que continuamente convoca a Igreja numa única família, convoca e sustenta as famílias religiosas que, através de suas comunidades esparsas por toda a terra, têm a missão de ser sinais particularmente legíveis da íntima comunhão que anima e constitui a Igreja e de ser sustentáculo para a realização do plano de Deus.

CAPÍTULO II

A comunidade religiosa, lugar de fraternização

11. Do dom da comunhão nasce a tarefa da construção da fraternidade, isto é, do tornar-se irmãos e irmãs em determinada comunidade onde se é chamado a viver juntos. Da aceitação admirada e agradecida da realidade da comunhão divina, que é comunicada a pobres criaturas, provém a convicção do esforço necessário para fazê-la sempre mais visível através da construção de comunidades "plenas de alegria e de Espírito Santo" (At 13,52).

Também em nosso tempo e para nosso tempo é necessário retomar essa obra "divino-humana" da edificação de comunidades de irmãos e de irmãs, tendo presentes as condições típicas destes anos, nos quais a renovação — teológica, canônica, social e estrutural — influiu fortemente na fisionomia e na vida da comunidade religiosa.

É a partir de algumas situações concretas que se deseja oferecer indicações úteis para sustentar o esforço por uma contínua renovação evangélica das comunidades.

Espiritualidade e oração comum

12. Em seu componente místico primário, toda a autêntica comunidade cristã aparece "em si mesma como uma realidade teologal, objeto de contemplação".[1] Daí se segue que a comunidade religiosa é, antes de tudo, mistério a ser contemplado e acolhido com coração agradecido numa límpida dimensão de fé.

Quando se esquece essa dimensão mística e teologal, que põe em contato com o mistério da comunhão divina presente e comunicada à comunidade, chega-se irremediavelmente a esquecer também as razões profundas de "fazer comunidade", da paciente construção da vida fraterna. Ela pode, às vezes, parecer superior às forças humanas, além de um inútil desperdício de energias, em especial para pessoas intensamente empenhadas na ação e condicionadas por uma cultura ativista e individualista.

O mesmo Cristo que os chamou convoca cada dia seus irmãos e suas irmãs para falar-lhes e para uni-los a ele e unirem-se entre si na Eucaristia, para torná-los sempre mais seu Corpo vivo e visível, animado pelo Espírito, em caminho para o Pai.

A oração em comum, que foi sempre considerada a base de toda a vida comunitária, parte da contemplação do Mistério de Deus, grande e sublime, da admiração por sua presença operante tanto nos momentos mais significativos de nossas

[1]. DC 15.

famílias religiosas como na humilde e cotidiana realidade de nossas comunidades.

13. Como resposta à advertência do Senhor: "Vigiai e orai" (Lc 21,36), a comunidade religiosa deve ser vigilante e empregar o tempo necessário para cuidar da qualidade de sua vida. Por vezes, os religiosos e religiosas "não têm tempo", e seu dia corre o risco de ser muito angustiado e ansioso e, portanto, de acabar por cansar e esgotar. De fato, a comunidade religiosa segue o ritmo de um horário para dar determinados intervalos de tempo para a oração e, especialmente, para que se possa aprender a dar tempo para Deus *(vacare Deo)*.

A oração deve ser entendida também como tempo para estar com o Senhor, a fim de que possa agir em nós e, entre as distrações e os trabalhos, possa invadir nossa vida, confortá-la e guiá-la. Para que, afinal, toda a nossa existência possa realmente pertencer-lhe.

14. Uma das conquistas mais preciosas destes decênios, reconhecida e louvada por todos, foi a redescoberta da oração litúrgica por parte das famílias religiosas.

A celebração em comum da *Liturgia das Horas* ou, ao menos, de algumas de suas partes, revitalizou a oração de não poucas comunidades, que foram levadas a um contato mais vivo com a Palavra de Deus e com a oração da Igreja.[2]

2. Cf. cân. 663 § 3 e 608.

Não deve faltar em ninguém a convicção de que a comunidade se constrói a partir da Liturgia, sobretudo da celebração da Eucaristia[3] e de outros Sacramentos. Entre esses, merece renovada atenção o Sacramento da Reconciliação, através do qual o Senhor reaviva nossa união com ele e com os irmãos.

À imitação da primeira comunidade de Jerusalém (cf. At 2,42), a Palavra, a Eucaristia, a oração comum, a assiduidade e a fidelidade ao ensinamento dos Apóstolos e de seus sucessores põem em contato com as grandes obras de Deus. Nesse contexto, elas se tornam luminosas e geram louvor, ação de graças, alegria, união dos corações, apoio nas comuns dificuldades da convivência cotidiana, mútuo reforço na fé.

Infelizmente a diminuição dos presbíteros pode tornar, em alguns lugares, impossível a participação cotidiana na Santa Missa. Isso deve levar a compreender, sempre mais profundamente, o grande dom da Eucaristia e a pôr no centro da vida o Santo Mistério do Corpo e Sangue do Senhor, vivo e presente na comunidade para sustentá-la e animá-la em seu caminho para o Pai. Daí vem a necessidade de que cada casa religiosa tenha como centro da comunidade seu oratório,[4] onde seja possível alimentar a própria espiritualidade eucarística por meio da oração e da adoração.

3. Cf. PO 6; PC 6.
4. Cf. cân. 608.

É, de fato, em torno da Eucaristia, celebrada ou adorada, "cume e fonte" de toda a atividade da Igreja, que se constrói a comunhão dos corações, premissa para qualquer crescimento na fraternidade. "É aqui que deve encontrar sua origem qualquer tipo de educação para o Espírito de comunidade."[5]

15. A oração em comum alcança toda a sua eficácia quando está intimamente ligada à oração pessoal. Oração comum e oração pessoal, de fato, estão em estreita relação e são complementares entre si. Em toda parte, mas especialmente em certas regiões e culturas, é necessário sublinhar mais a importância da interioridade, da relação filial com o Pai, do diálogo íntimo e esponsal com Cristo, do aprofundamento pessoal do que foi celebrado e vivido na oração comunitária, do silêncio interior e exterior que deixa espaço para que a Palavra e o Espírito possam regenerar as profundezas mais escondidas. A pessoa consagrada que vive em comunidade alimenta sua consagração, quer com o constante colóquio pessoal com Deus, quer com o louvor e a intercessão comunitária.

16. A oração em comum tem sido enriquecida, nestes anos, por diversas formas de expressão e de participação.

Particularmente frutuosa para muitas comunidades tem sido a partilha da *Lectio divina* e das reflexões sobre a Palavra de Deus, bem como a

[5]. Po 6.

comunicação das próprias experiências de fé e das preocupações apostólicas. A diferença de idade, de formação ou de caráter aconselham prudência em exigi-la indistintamente de toda a comunidade: é bom lembrar que não se podem apressar os tempos de realização.

Onde é praticada com espontaneidade e em consenso, tal partilha alimenta a fé e a esperança, assim como a estima e a confiança mútua, favorece a reconciliação e alimenta a solidariedade fraterna na oração.

17. Como para a oração pessoal, também para a oração comunitária valem as palavras do Senhor: "Orai sempre, sem cessar" (Lc 18,1; cf. 1Ts 5,17). A comunidade religiosa vive, de fato, constantemente diante de seu Senhor, de cuja presença deve ter contínua consciência. Todavia, a oração em comum tem seus ritmos cuja freqüência (cotidiana, semanal, mensal, anual) é fixada pelo direito próprio de cada instituto.

A oração em comum, que requer fidelidade a um horário, exige também, e sobretudo, a perseverança: "Para que pela perseverança e pela consolação que nos vêm das Escrituras, conservemos viva nossa esperança (...), para que, com um só coração e uma só voz, glorifiqueis a Deus, Pai de Nosso Senhor Jesus Cristo" (Rm 15,4-6).

A fidelidade e a perseverança ajudarão também a superar criativamente e com sabedoria algumas dificuldades, típicas de algumas comunidades, tais como a diversidade de trabalhos e, portanto, de horário, a sobrecarga absorvente, as diversas fadigas.

18. A oração à Bem-aventurada Virgem Maria, animada pelo amor que nos leva a imitá-la, faz com que sua presença exemplar e materna seja de grande ajuda na fidelidade cotidiana à oração (cf. At 1,14), tornando-se vínculo de comunhão para a comunidade religiosa.[6]

A Mãe do Senhor contribuirá para configurar as comunidades religiosas ao modelo de "sua" família, a Família de Nazaré, lugar ao qual as comunidades religiosas devem com freqüência transportar-se espiritualmente, porque lá o Evangelho da comunhão e da fraternidade foi vivido de modo admirável.

19. Também o impulso apostólico é sustentado e alimentado pela oração comum. Por um lado, ela é uma força misteriosa transformante, que abraça todas as realidades para redimir e ordenar o mundo. Por outro, encontra seu estímulo no ministério apostólico: em suas alegrias e nas dificuldades cotidianas. Estas se transformam em ocasião para procurar e descobrir a presença e a ação do Senhor.

20. As comunidades religiosas mais apostólicas e mais evangelicamente vivas — sejam contemplativas ou ativas — são aquelas que têm uma rica experiência de oração.

6. Cf. cân. 663 § 4.

Num momento como o nosso, em que assiste a um novo despertar na busca do transcendente, as comunidades religiosas podem se tornar lugares privilegiados onde se experimentam os caminhos que levam a Deus.

"Como família unida no nome do Senhor, (a comunidade religiosa) é, por sua natureza, o lugar onde a experiência de Deus deve particularmente poder se realizar em sua plenitude e poder se comunicar aos outros":[7] antes de tudo aos próprios irmãos de comunidade.

As pessoas consagradas a Deus, homens e mulheres, faltarão a esse encontro com a história, não respondendo à "busca de Deus" de nossos contemporâneos, induzindo-os talvez a buscar em outros lugares, por caminhos errados, como saciar sua fome de Absoluto?

Liberdade pessoal e construção da fraternidade

21. "Carregai os fardos uns dos outros; assim cumprireis a lei de Cristo" (Gl 6,2). Em toda a dinâmica comunitária, Cristo, em seu mistério pascal, permanece o modelo de como se constrói a unidade. O mandamento do amor mútuo tem nele, de fato, a fonte, o modelo e a medida: devemos amar-nos como ele nos amou. E ele nos amou até dar a vida. Nossa vida é participação na caridade

---

7. DC 15.

de Cristo, em seu amor ao Pai e aos irmãos, um amor esquecido de si mesmo.

Mas tudo isso não é conforme à natureza do "homem velho" que deseja, sim, a comunhão e a unidade, mas não pretende nem está disposto a pagar-lhe o preço, em termos de esforço e de dedicação pessoal. O caminho que vai do homem velho, que tende a fechar-se em si mesmo, ao homem novo, que se doa aos outros, é longo e cansativo. Os santos fundadores insistiram realisticamente nas dificuldades e nas ciladas dessa passagem, conscientes como estavam de que a comunidade não se pode improvisar.

Ela não é coisa espontânea nem realização que se consiga em breve tempo.

Para viver como irmãos e irmãs, é necessário um verdadeiro caminho de libertação interior. Como Israel, libertado do Egito, tornou-se Povo de Deus depois de ter feito uma longa caminhada no deserto sob a guia de Moisés, assim a comunidade inserida na Igreja, povo de Deus, é construída por pessoas que Cristo libertou e fez capazes de amar de seu jeito, através do dom de seu Amor libertador e da aceitação cordial daqueles que ele dá como seus guias.

O amor de Cristo, difundido em nossos corações, impele a amar os irmãos e irmãs até o assumir suas fraquezas, seus problemas, suas dificuldades. Numa palavra: até a doar-nos a nós mesmos.

22. Cristo dá à pessoa duas fundamentais certezas: a de ser infinitamente amada e de poder amar sem limites. Nada como a cruz de Cristo pode dar, de modo pleno e definitivo, essas certezas e a liberdade que delas deriva. Graças a elas, a pessoa consagrada se liberta progressivamente da necessidade de colocar-se no centro de tudo e de possuir o outro e do medo de doar-se aos irmãos; aprende, ao contrário, a amar como Cristo a amou, com aquele amor que agora é derramado em seu coração e a faz capaz de esquecer-se e de doar-se como fez seu Senhor.

Em virtude desse amor, nasce a comunidade como um conjunto de pessoas livres e libertadas pela cruz de Cristo.

23. Esse caminho de libertação que conduz à plena comunhão e à liberdade dos filhos de Deus exige, porém, a coragem da renúncia a si mesmo na aceitação e no acolhimento do outro, a partir da autoridade.

Notou-se, em mais de um lugar, que isso constituiu um dos pontos mais fracos do período de renovação destes anos. Aumentaram os conhecimentos, estudaram-se diversos aspectos da vida comum, mas cuidou-se menos do esforço ascético, necessário e insubstituível para qualquer libertação capaz de fazer de um grupo de pessoas uma fraternidade cristã.

A comunhão é um dom oferecido que exige também uma resposta, um paciente tirocínio e um combate para superar a espontaneidade e a instabilidade dos desejos. O altíssimo ideal comunitário comporta necessariamente a conversão de qualquer atitude que cause obstáculo à comunhão.

A comunidade sem mística não tem alma, mas sem ascese não tem corpo. Exige-se "sinergia" (cooperação) entre o dom de Deus e o esforço pessoal para construir uma comunhão encarnada, isto é, para dar carne e consistência à graça e ao dom da comunhão fraterna.

24. É necessário admitir que esse assunto causa problema hoje, tanto junto aos jovens como junto aos adultos. Muitas vezes os jovens provêm de uma cultura que aprecia excessivamente a subjetividade e a busca da realização pessoal, enquanto os adultos ou estão ancorados em estruturas do passado ou vivem certo desencanto diante do "assembleísmo" dos anos passados, fonte de verbalismo e de incerteza.

Se é verdade que a comunhão não existe sem a oblatividade de cada um, é necessário que se afastem desde o início as ilusões de que tudo deve vir dos outros; é necessário que se ajude a descobrir com gratidão quanto já se recebeu e se está, de fato, recebendo dos outros. É bom preparar os jovens, desde o início, para serem construtores e não somente consumidores da comunidade; para serem responsáveis um pelo crescimento do outro; para estarem abertos e disponíveis a receber um o dom do outro, capazes de ajudar e ser ajudados, de substituir e ser substituídos.

Uma vida comum, fraterna e partilhada, tem um natural fascínio sobre os jovens, mas depois o perseverar nas reais condições de vida pode se tornar um pesado fardo. A formação inicial deve, pois, levar a uma tomada de consciência dos sacrifícios exigidos pelo viver em comunidade, a uma sua aceitação em vista de um relacionamento alegre e verdadeiramente fraterno e a todas as outras atitudes típicas de um homem interiormente livre.[8] Quando alguém se perde pelos irmãos, encontra-se a si mesmo.

25. É necessário, além disso, lembrar sempre que a realização dos religiosos e religiosas passa através de suas comunidades. Quem procura viver uma vida independente, separada da comunidade, certamente não adentrou o caminho seguro da perfeição do próprio estado.

Enquanto a sociedade ocidental aplaude a pessoa independente que sabe realizar-se por si mesma, o individualista seguro de si mesmo, o Evangelho exige pessoas que, como o grão de trigo, sabem morrer a si mesmas para que renasça a vida fraterna.[9]

Assim, a comunidade se torna uma *"Schola Amoris"* (escola de amor) para jovens e adultos, uma escola onde se aprende a amar a Deus, a amar os irmãos e irmãs com quem se vive, a amar a humanidade necessitada da misericórdia de Deus e da solidariedade fraterna.

8. Cf. PI 32-34 e 87.
9. Cf. LG 46 b.

26. O ideal comunitário não deve fazer esquecer que toda a realidade cristã se edifica sobre a fraqueza humana. A "comunidade ideal", perfeita, ainda não existe: a perfeita comunhão dos santos é meta na Jerusalém celeste.

O nosso é o tempo da edificação e da construção contínua: sempre é possível melhorar e caminhar juntos para a comunidade que sabe viver o perdão e o amor. As comunidades, na verdade, não podem evitar todos os conflitos. A unidade que devem construir é uma unidade que se estabelece a preço de reconciliação.[10] A situação de imperfeição da comunidade não deve desencorajar.

As comunidades retomam cotidianamente o caminho, sustentadas pelo ensinamento dos Apóstolos: "Amai-vos uns aos outros com afeto fraterno, rivalizando em estimar-vos mutuamente" (Rm 12,10); "tende os mesmos sentimentos uns para com os outros" (Rm 12,16); "acolhei-vos, por isso, uns aos outros como Cristo vos acolheu" (Rm 15,7); "corrigi-vos um ao outro" (Rm 15,14); "esperai uns pelos outros" (lCor 11,33); "por meio da caridade estai a serviço uns dos outros" (Gl 5,13); "confortai-vos mutuamente" (lTs 5,11); "suportando-vos mutuamente com amor" (Ef 4,2); "sede, pelo contrário, benévolos uns para com os outros, misericordiosos, perdoando-vos mutuamente" (Ef 4,32); "sede submissos uns aos outros no temor de Cristo" (Ef 5,21); "orai uns pelos outros" (Tg 5,16);

---

10. Cf. cân. 602; PC 15 a.

"revesti-vos todos de humildade uns para com os outros" (lPd 5,5); "estejamos em comunhão uns com os outros" (lJo 1,7); "não nos cansemos de fazer o bem a todos, sobretudo aos nossos irmãos na fé" (Gl 6,9-10).

27. Para favorecer a comunhão dos espíritos e dos corações daqueles que são chamados a viver juntos numa comunidade, parece oportuno recordar a necessidade de cultivar as qualidades requeridas em todas as relações humanas: educação, gentileza, sinceridade, controle de si mesmo, delicadeza, senso de humor e espírito de partilha.

Os documentos do Magistério destes anos são ricos de sugestões e pistas úteis para a convivência comunitária, como: a alegre simplicidade,[11] a clareza e a confiança recíprocas,[12] a capacidade de diálogo,[13] a adesão sincera a uma benéfica disciplina comunitária.[14]

28. Não se pode esquecer, enfim, que a paz e o gosto de estar juntos são um dos sinais do Reino de Deus. A alegria de viver, mesmo em meio às dificuldades do caminho humano e espiritual e aos aborrecimentos cotidianos, já faz parte do Reino. Essa alegria é fruto do Espírito e envolve a simplicidade da existência e a monótona tessitura do cotidiano. Uma fraternidade sem alegria é uma

11. Cf. ET 39.
12. Cf. PC 14.
13. Cf. cân. 619.
14. Cf. ET 39; EE 19.

fraternidade que se apaga. Muito rapidamente os membros serão tentados a procurar em outros lugares o que não podem encontrar em casa. Uma fraternidade rica de alegria é um verdadeiro dom do Alto aos irmãos que sabem pedi-lo e que sabem aceitar-se, empenhando-se na vida fraterna com confiança na ação do Espírito. Realizam-se assim as palavras do Salmo: "Como é bom, como é agradável os irmãos morarem juntos... Aí o Senhor dá sua bênção e a vida para sempre" (Sl 133,1-3), "porque quando vivem juntos fraternalmente, reúnem-se na assembléia da Igreja, sentem-se concordes na caridade e num só querer".[15]

Esse testemunho de alegria constitui uma grandíssima atração para a vida religiosa, uma fonte de novas vocações e um sustentáculo para a perseverança. É muito importante cultivar essa alegria na comunidade religiosa: a sobrecarga de trabalho pode apagá-la, o zelo excessivo por algumas causas pode fazê-la cair no esquecimento, o contínuo interrogar-se sobre a própria identidade e sobre o próprio futuro pode ofuscá-la.

Mas o saber fazer festa juntos, o conceder-se momentos de distensão pessoal e comunitária, o tomar distância de quando em quando do próprio trabalho, o alegrar-se nas alegrias do irmão, a atenção solícita às necessidades dos irmãos e irmãs, o empenho confiante no trabalho apostólico, o afrontar com misericórdia as situações, o ir ao

---

15. S. Hilário, Tract. in Ps. 132, PL (Supl.) 1, 244.

encontro do amanhã com a esperança de encontrar sempre, e em qualquer caso, o Senhor: tudo isso alimenta a serenidade, a paz, a alegria. E se torna força na ação apostólica.

A alegria é um esplêndido testemunho do caráter evangélico de uma comunidade religiosa, ponto de chegada de um caminho não isento de tribulação, mas possível, porque sustentado pela oração: "Alegres na esperança, fortes na tribulação, perseverantes na oração" (Rm 12,12).

Comunicar para crescer juntos

29. Na renovação destes anos, a comunicação aparece como um dos fatores humanos que adquirem crescente importância para a vida da comunidade religiosa. A mais sentida exigência de incentivar a vida fraterna de uma comunidade traz consigo a correspondente demanda de uma mais ampla e mais intensa comunicação.

Para se tornar irmãos e irmãs é necessário conhecer-se. Para se conhecer é imprescindível comunicar-se de forma mais ampla e profunda. Dá-se hoje maior atenção aos vários aspectos da comunicação, ainda que em medida e em forma diversa nos vários institutos e nas várias regiões do mundo.

30. A comunicação interna dos institutos desenvolveu-se muito. Aumentaram os encontros regulares de seus membros em nível central, regional e provincial; os superiores normalmente enviam cartas e sugestões, visitam com maior freqüência as comunidades e foi-se difundindo o uso de boletins e periódicos internos.

Essa comunicação abundante e solicitada nos vários níveis, no respeito à fisionomia própria do instituto, cria normalmente relações mais estreitas, alimenta o espírito de família e a participação nos acontecimentos de todo o instituto, sensibiliza para os problemas gerais, aproxima as pessoas consagradas em torno à missão comum.

31. Também em nível comunitário, demonstrou-se muito positivo realizar regularmente, muitas vezes a cada semana, encontros em que os religiosos e as religiosas compartilham problemas da comunidade, do instituto, da Igreja e seus principais documentos. São momentos úteis ainda para escutar os outros, partilhar os próprios pensamentos, rever e avaliar o percurso realizado, pensar e programar juntos.

A vida fraterna, especialmente nas comunidades maiores, tem necessidade desses momentos para crescer. São momentos que devem ser mantidos livres de qualquer outra preocupação, momentos de comunicação importantes também para a co-responsabilização e para inserir o próprio trabalho no contexto mais amplo da vida religiosa, eclesial e do mundo ao qual se é enviado em missão, e não só no contexto da vida comunitária. É um caminho que deve ser continuado em todas as comunidades, adaptando-lhe os ritmos e as modalidades às dimensões das comunidades e de seus trabalhos. Entre as comunidades contemplativas isso exige respeito ao próprio estilo de vida.

32. Mas não é tudo. Em vários lugares, sente-se a necessidade de uma comunicação mais intensa entre os religiosos de uma mesma comunidade. A falta e a pobreza de comunicação normalmente geram o enfraquecimento da fraternidade; o desconhecimento da vida do outro torna estranho o confrade e anônimo o relacionamento, além de criar situações de isolamento e de solidão. Em algumas comunidades, lamenta-se a escassa qualidade da fundamental comunicação dos bens espirituais: comunicam-se temas e problemas periféricos, mas raramente se compartilha aquilo que é vital e central no caminho de consagração.

As conseqüências podem ser dolorosas, porque a experiência espiritual adquire insensivelmente conotações individualistas. Com isso se favorece a mentalidade de autogestão unida à insensibilidade para com o outro, enquanto lentamente se vão procurando relacionamentos significativos fora da comunidade.

O problema deve ser afrontado explicitamente: com tato e atenção, sem nenhum exagero; mas também com coragem e criatividade. Procurem-se formas e instrumentos que possam permitir a todos aprender progressivamente a partilhar, com simplicidade e fraternidade, os dons do Espírito, a fim de que se tornem verdadeiramente de todos e sirvam para a edificação de todos (cf. 1Cor 12,7).

A comunhão nasce justamente da partilha dos bens do Espírito, uma partilha da fé e na fé, na qual o vínculo de fraternidade é tanto mais forte quanto mais central e vital é o que se põe em comum. Essa comunicação é útil também para aprender o estilo da partilha que, depois, no apostolado, permitirá a cada um "confessar sua fé" em termos fáceis e simples, para que todos a possam entender e saborear.

As formas assumidas pela comunicação dos dons espirituais podem ser diferentes. Além daquelas já assinaladas — partilha da Palavra e da experiência de Deus, discernimento comunitário, projeto comunitário[16] —, podem ser lembradas também a correção fraterna, a revisão de vida e outras formas típicas da tradição. São modos concretos de pôr-se a serviço dos outros e de canalizar para a comunidade os dons que o Espírito abundantemente concede para sua edificação e para sua missão no mundo. Tudo isso adquire maior importância agora, quando, numa mesma comunidade, podem conviver religiosos não somente de diversas idades, mas de diversas raças, de diversa formação cultural e teológica, religiosos provenientes de diversas experiências feitas nestes anos movimentados e pluralísticos.

Sem diálogo e escuta, há sempre o risco de levar vidas justapostas ou paralelas, o que está bem longe do ideal de fraternidade.

16. Cf. acima nn. 14, 16, 28 e 31.

33. Qualquer forma de comunicação comporta itinerários e dificuldades psicológicas particulares que podem ser afrontadas positivamente mesmo com a ajuda das ciências humanas. Algumas comunidades tiraram vantagem, por exemplo, da ajuda de especialistas em comunicação e de profissionais no campo da psicologia e da sociologia.

São meios excepcionais que devem ser prudentemente avaliados e podem ser utilizados com moderação por comunidades desejosas de derrubar o muro de separação que, às vezes, se eleva dentro da própria comunidade. As técnicas humanas se revelam úteis, mas não são suficientes. Para todos é necessário tomar a peito o bem do irmão, cultivando a capacidade evangélica de receber dos outros tudo que desejam dar e comunicar e que, de fato, comunicam com sua própria existência.

"Tende os mesmos sentimentos e o mesmo amor. Sede cordiais e unânimes. Com grande humildade, julgai os outros melhores do que vós. Ocupai-vos dos interesses dos outros e não somente dos vossos. Vossas relações mútuas sejam fundadas sobre o fato de que estais unidos a Cristo Jesus" (cf. Fl 2,2-5).

É nesse clima que as várias modalidades e técnicas de comunicação, compatíveis com a vida religiosa, podem alcançar os resultados de favorecer o crescimento da fraternidade.

34. O considerável impacto dos meios de comunicação social sobre a vida e a mentalidade de nossos contemporâneos atinge também as comunidades religiosas e lhes condiciona não raramente a comunicação interna.

A comunidade, consciente de sua importância, educa-se para utilizá-los para o crescimento pessoal e comunitário com a clareza evangélica e a liberdade interior de quem aprendeu a conhecer a Jesus Cristo (cf. Gl 4,17-23). Eles, de fato, propõem e, muitas vezes, impõem uma mentalidade e um modelo de vida que deve ser confrontado continuamente com o Evangelho. A esse respeito, de muitas partes, pede-se uma aprofundada formação para a recepção e para o uso crítico e fecundo de tais meios. Por que não fazer deles objeto de avaliação, de revisão, de programação, nos periódicos encontros comunitários?

Principalmente quando a televisão se torna a única forma de recreação, ela dificulta e às vezes impede o relacionamento entre as pessoas, limita a comunicação fraterna e, até mesmo, pode prejudicar a própria vida consagrada.

Impõe-se um justo equilíbrio: o uso moderado e prudente dos meios de comunicação,[17] acompanhado pelo discernimento comunitário, pode ajudar a comunidade a conhecer mais a complexidade do mundo da cultura, pode permitir uma recepção confrontada e crítica e, enfim, pode ajudar a valorizar o impacto deles em vista dos vários ministérios para o Evangelho.

17. Cf. DC 14; PI 13; cân. 666.

Coerentemente com a opção de seu estado de vida específico, caracterizado por uma mais marcada separação do mundo, as comunidades contemplativas devem sentir-se maiormente empenhadas no preservar um ambiente de recolhimento, atendo-se às normas estabelecidas nas próprias constituições sobre o uso dos meios de comunicação social.

Comunidade religiosa e amadurecimento pessoal

35. A comunidade religiosa, pelo fato de ser uma *"Schola amoris"* (escola de amor), que ajuda a crescer no amor para com Deus e para com os irmãos, torna-se também lugar de crescimento humano. O caminho é exigente, pois implica a renúncia de bens certamente muito apreciáveis,[18] mas não é impossível. Isso o demonstra a multidão de santos e santas e as maravilhosas figuras de religiosos e religiosas que mostraram como a consagração a Jesus Cristo "não se opõe ao verdadeiro progresso da pessoa humana, mas por sua natureza lhe é de grandíssima ajuda".[19]

O caminho para a maturidade humana, premissa para uma vida de irradiação evangélica, é um processo que não conhece limites, porque comporta um contínuo "enriquecimento" não somente dos valores espirituais, mas também dos de ordem psicológica, cultural e social.[20]

18. Cf. LG 46.
19. Ibid.
20. Cf. EE 45.

As grandes mudanças acontecidas na cultura e nos costumes, orientadas mais para as realidades materiais do que para os valores espirituais, exigem especial atenção a algumas áreas nas quais as pessoas hoje parecem particularmente vulneráveis.

36. *A identidade*

O processo de amadurecimento acontece na própria identificação com o chamado de Deus. Uma identidade incerta pode impelir, especialmente nos momentos de dificuldade, para uma auto-realização mal-entendida, com necessidade extrema de resultados positivos e da aprovação da parte dos outros, com exagerado medo do fracasso e depressão pelos insucessos.

A identidade da pessoa consagrada depende do amadurecimento espiritual: é obra do Espírito, que impele a conformar-se a Jesus Cristo, conforme aquela particular modalidade que é dada pelo "carisma originário, mediação do Evangelho aos membros de determinado instituto".[21] Muito importante é, pois, a ajuda de um guia espiritual, que conheça bem e respeite a espiritualidade e a missão do instituto, para "discernir a ação de Deus, acompanhar o irmão nas vias do Senhor, nutrir a vida de sólida doutrina e de oração vivida".[22] Particularmente necessário na formação inicial, esse

21. Ibid.
22. EE 47.

acompanhamento é útil também por todo o resto da vida para um "crescimento em Cristo".

Também o amadurecimento cultural ajuda a afrontar os desafios da missão, assumindo os instrumentos necessários para discernir o movimento do vir-a-ser e para elaborar respostas adequadas, por meio das quais o Evangelho se torna continuamente proposta alternativa às propostas mundanas, integrando-lhes as forças positivas e purificando-as dos fermentos do mal.

Nessa dinâmica, a pessoa consagrada e a comunidade religiosa são proposta evangélica que manifesta a presença de Cristo no mundo.[23]

37. *A afetividade*

A vida fraterna em comum exige da parte de todos um bom equilíbrio psicológico, dentro do qual possa amadurecer a vida afetiva de cada um. Componente fundamental desse amadurecimento é, como já lembramos, a liberdade afetiva, graças à qual o consagrado ama sua vocação e ama de acordo com sua vocação. É justamente essa liberdade e maturidade que permitem viver bem a afetividade, tanto dentro como fora da comunidade.

Amar a própria vocação, sentir o chamado como uma razão válida de vida e entender a consagração como realidade verdadeira, bela e boa, que proporciona verdade, beleza e bondade tam-

23. Cf. LG 44.

bém à própria existência: tudo isso torna a pessoa forte e autônoma, segura da própria identidade, não necessitada de apoios e compensações várias, mesmo de natureza afetiva. Reforça também o vínculo que liga o consagrado aos que com ele compartilham o mesmo chamado. Com eles, antes de tudo, ele se sente chamado a viver relações de fraternidade e de amizade.

Amar a vocação é amar a Igreja, é amar o próprio instituto e sentir a comunidade como a verdadeira família.

Amar de acordo com a própria vocação é amar com o estilo de quem, em cada relacionamento humano, deseja ser sinal límpido do amor de Deus, não usurpa e não possui, mas quer bem e quer o bem do outro com a mesma benevolência de Deus.

É necessária, pois, uma formação específica da afetividade que integre o aspecto humano com o mais propriamente espiritual. A tal propósito parecem amplamente oportunas as diretivas do *Potissimum Institutioni,* a respeito do discernimento "sobre o equilíbrio da afetividade, particularmente do equilíbrio sexual" e sobre a "capacidade de viver em comunidade".[24]

Todavia as dificuldades nessa área são, muitas vezes, a caixa de ressonância de problemas nascidos em outros lugares: uma afetividade-sexualidade vivida com atitude narcisístico-adoles-

24. PI 43.

cente ou rigidamente reprimida pode ser conseqüência de experiências negativas anteriores à entrada na comunidade, mas também conseqüência de frustrações comunitárias ou apostólicas. Importante é a presença de uma rica e calorosa vida fraterna, que "leva o peso" do irmão ferido e necessitado de ajuda.

Se é, de fato, necessária certa maturidade para viver em comunidade, também o é uma cordial vida fraterna para o amadurecimento do religioso. Diante da eventual constatação de uma diminuída autonomia afetiva no irmão ou na irmã, deveria vir a resposta da comunidade em termos de um amor rico e humano, como o do Senhor Jesus e de tantos santos religiosos; um amor que compartilha os temores e as alegrias, as dificuldades e as esperanças, com aquele calor que é próprio de um coração novo que sabe acolher a pessoa inteira. Esse amor solícito e respeitoso, não possessivo mas gratuito, deveria levar a fazer sentir próximo o Amor do Senhor, aquele Amor que levou o Filho de Deus a proclamar, por meio da cruz, que não se pode duvidar de ser amado pelo Amor.

38. *As dificuldades*

Ocasião particular para o crescimento humano e a maturidade cristã é conviver com pessoas que sofrem, que não se encontram à vontade na comunidade e que, por isso, são motivo de sofrimentos para os irmãos, perturbando a vida comunitária.

É preciso, antes de mais nada, perguntar-se onde se originam esses sofrimentos: de deficiência de caráter, de trabalhos sentidos como muito gravosos, de graves lacunas na formação, das transformações demasiadamente rápidas destes anos, de formas demasiadamente autoritárias de governo, de dificuldades espirituais.

Pode haver até diversas situações em que a autoridade deve fazer presente que a vida em comum exige, por vezes, sacrifícios e pode tornar-se uma forma de *"maxima poenitentia"* (penitência máxima).

No entanto, existem situações e casos nos quais é necessário o recurso às ciências humanas, sobretudo quando alguns são claramente incapazes de viver a vida comunitária por problemas de maturidade e de fragilidade psicológica ou por fatores prevalentemente patológicos.

O recurso a tais intervenções tem-se revelado útil não só no momento terapêutico, em casos de psicopatologia mais ou menos manifesta, mas também no momento de subsidiar uma adequada seleção dos candidatos e para acompanhar, em alguns casos, a equipe de formadores a enfrentar problemas pedagógico-formativos específicos.[25]

Em todo caso, na escolha dos especialistas, deve-se preferir uma pessoa de fé e conhecedora da vida religiosa e de suas dinâmicas. Tanto melhor se for uma pessoa consagrada.

25. Cf. PI 43, 51 e 63.

O uso desses meios, enfim, será verdadeiramente eficaz se for discreto e não generalizado, tanto mais porque tais meios não resolvem todos os problemas e, portanto, "não podem substituir uma autêntica direção espiritual".[26]

Do eu ao nós

39. O respeito pela pessoa, recomendado pelo Concílio e pelos documentos posteriores,[27] teve positiva influência na práxis comunitária.

Contemporaneamente, porém, se difundiu com maior ou menor intensidade, segundo as várias regiões do mundo, também o individualismo, sob as mais diversas formas: a necessidade de protagonismo e a insistência exagerada no próprio bem-estar físico, psíquico e profissional; a preferência pelo trabalho independente e pelo trabalho de prestígio e de nome; a prioridade absoluta dada às próprias aspirações pessoais e ao próprio projeto individual, sem pensar nos outros e sem referências à comunidade.

Por outro lado, é necessário buscar o justo equilíbrio, nem sempre fácil de alcançar, entre o respeito à pessoa e o bem comum, entre as exigências e necessidades de cada um e as da comunidade, entre os carismas pessoais e o projeto apostólico da comunidade. E isso, afastando-se tanto do individualismo desagregante como do comunita-

---

26. PI 52.
27. Cf. PC 14 c; cân. 618; EE 49.

rismo nivelante. A comunidade religiosa é o lugar onde se dá a cotidiana e paciente passagem do "eu" ao "nós", do "meu" empenho ao empenho confiado à comunidade, da busca de "minhas coisas" à busca das "coisas de Cristo".

A comunidade religiosa torna-se, então, o lugar onde se aprende cotidianamente a assumir a mentalidade renovada que permite viver a comunhão fraterna através da riqueza dos diversos dons e, ao mesmo tempo, impele esses dons a convergir para a fraternidade e para a co-responsabilidade no projeto apostólico.

40. Para alcançar essa "sinfonia" comunitária e apostólica, é necessario:

a) celebrar e agradecer juntos pelo dom comum da vocação e da missão, dom que transcende de muito qualquer diferença individual e cultural. Promover uma atitude contemplativa diante da sabedoria de Deus que enviou determinados irmãos à comunidade para que sejam dom uns para os outros. Louvar a Deus por aquilo que cada irmão transmite da presença e da palavra de Cristo;

b) cultivar o respeito mútuo com o qual se aceita o caminhar lento dos mais fracos e, ao mesmo tempo, não se sufoca o desabrochar de personalidades mais ricas. Um respeito que favorece a criatividade, mas que também sabe apelar à responsabilidade e à solidariedade para com os outros;

c) orientar para a missão comum: cada instituto tem sua missão, para a qual cada um deve colaborar de acordo com os próprios dons. O caminho da pessoa consagrada consiste justamente no consagrar progressivamente ao Senhor tudo aquilo que tem e tudo aquilo que é para a missão de sua família religiosa;

d) lembrar que a missão apostólica é confiada, em primeiro lugar, à comunidade e que isso, muitas vezes, comporta também a direção de obras próprias do instituto. A dedicação a tal apostolado comunitário faz amadurecer a pessoa consagrada e a faz crescer em seu peculiar caminho de santidade;

e) ter em mente que cada um dos religiosos, quando recebe em obediência missões pessoais, deve se considerar enviado pela comunidade. Esta, por sua vez, cuide da atualização regular de seus membros e os integre na avaliação dos trabalhos apostólicos e comunitários.

Durante o tempo de formação, pode acontecer que, não obstante a boa vontade, seja impossível fazer convergir os dons pessoais de uma pessoa consagrada para a vida fraterna e para a missão comum. É então o caso de levantar a questão: "Os dons de Deus nesta pessoa (...) produzem unidade e aprofundam a comunhão? Se sim, podem ser bem acolhidos. Caso contrário, por muito bons que possam parecer em si mesmos, e por mais desejáveis que possam parecer a alguns membros, não são aptos para este instituto particular (...) Não é sábio, de fato, tolerar linhas de desenvolvimento muito divergentes que não oferecem um sólido fundamento de unidade no instituto".[28]

41. Nestes anos, aumentaram as comunidades com pequeno número de membros, sobretudo por exigências apostólicas. Elas podem também favorecer o desenvolvimento de relações mais estreitas entre os religiosos, uma oração mais participada e um recíproco e mais fraterno assumir de responsabilidade.[29]

Não faltam, porém, motivos discutíveis, como a afinidade de gostos ou de mentalidade. Nesse caso é fácil que a comunidade se feche e possa chegar a selecionar seus componentes, aceitando ou não um irmão enviado pelos superiores. Isto é contrário à natureza mesma da comunidade religiosa e à sua função de sinal. A homogeneidade seletiva, além de enfraquecer a mobilidade apostólica, faz perder força à dimensão "pneumática" da comunidade e a esvazia de sua força de testemunhar a realidade espiritual que a dirige.

28. EE 22; cf. também MR 12.
29. Cf. ET 40.

O esforço de aceitação recíproca e o empenho na superação das dificuldades, típico das comunidades heterogêneas, demonstram a transcendência do motivo que as fez surgir, isto é, "a potência de Deus que se manifesta na pobreza do homem" (cf. 2Cor 12,9 10).

Estão juntos na comunidade não porque tenham sido escolhidos por si mesmos, mas porque foram escolhidos pelo Senhor.

42. Se a cultura de modelo ocidental pode levar ao individualismo que torna árdua a vida fraterna em comum, outras culturas podem, ao contrário, levar ao comunitarismo, que torna difícil a valorização da pessoa humana. Todas as formas culturais devem ser evangelizadas.

A presença de comunidades religiosas que, num processo de conversão, passam para uma vida fraterna na qual a pessoa se põe à disposição dos irmãos ou nas quais o "grupo" promove a pessoa, é sinal da força transformadora do Evangelho e do advento do Reino de Deus.

Os institutos internacionais, nos quais convivem membros de diversas culturas, podem contribuir para um intercâmbio de dons, através do qual se enriquecem e se corrigem mutuamente, na comum tensão para viver sempre mais intensamente o Evangelho da liberdade pessoal e da comunhão fraterna.

Ser comunidade em formação contínua

43. A renovação comunitária tirou notáveis vantagens da formação permanente. Recomendada e delineada, em suas linhas fundamentais, pelo documento *Potissimum Institutionis*,[30] a formação permanente é considerada por todos os responsáveis de institutos religiosos de vital importância para o futuro

Não obstante algumas incertezas (dificuldade para fazer uma síntese entre seus diversos aspectos, dificuldade de sensibilizar todos os membros de uma comunidade, exigências absorventes do apostolado e justo equilíbrio entre atividade e formação), a maioria dos institutos deu vida a iniciativas tanto de âmbito central como de âmbito local.

Uma das finalidades dessas iniciativas é formar comunidades maduras, evangélicas, fraternas, capazes de continuar a formação permanente no cotidiano. A comunidade religiosa, de fato, é o lugar onde as grandes orientações se tornam operativas, graças à paciente e tenaz mediação cotidiana. A comunidade religiosa é a sede e o ambiente natural do processo de crescimento de todos, onde cada um se torna co-responsável pelo crescimento do outro. A comunidade religiosa, além disso, é o lugar onde, dia a dia, se recebe ajuda de pessoas consagradas, portadoras de um carisma comum, para responder às necessidades dos últimos e aos desafios da nova sociedade.

[30]. PI 66-69.

Não é raro que, em relação aos problemas a serem enfrentados, as respostas sejam diferentes, com evidentes conseqüências para a vida comunitária. Daí a constatação de que um dos objetivos particularmente sentidos hoje é o de integrar pessoas, marcadas por formação diferente e por diferentes visões apostólicas, numa mesma vida comunitária na qual as diferenças não sejam tanto ocasiões de contraste quanto momentos de mútuo enriquecimento. Nesse contexto diversificado e mutável, torna-se sempre mais importante o papel unificador dos responsáveis de comunidade, para os quais é oportuno prever apoios específicos da parte da formação permanente, em vista de sua tarefa de animação da vida fraterna e apostólica.

Sobre a base da experiência destes anos, dois aspectos merecem aqui uma atenção particular: a dimensão comunitária dos conselhos evangélicos e o carisma.

44. *A dimensão comunitária dos conselhos evangélicos*

A profissão religiosa é expressão do dom de si a Deus e à Igreja, mas de um dom vivido na comunidade de uma família religiosa. O religioso não é só um "chamado" com uma sua vocação individual, mas é um *"convocado"*, um chamado junto a outros com os quais *"compartilha"* a existência cotidiana.

Há uma convergência do "sim" a Deus, que une os vários consagrados numa mesma comunidade de vida. Consagrados juntos, unidos no mesmo "sim", unidos no Espírito Santo, os religiosos descobrem cada dia que seu seguimento de Cristo "obediente, pobre e casto" é vivido na fraternidade, como os discípulos que seguiam Jesus em seu ministério. Unidos a Jesus Cristo e, portanto, chamados a serem unidos entre si. Unidos na missão de opor-se profeticamente à idolatria do poder, do ter e do prazer.[31]

Assim, *a obediência* liga e une as diversas vontades numa mesma comunidade fraterna dotada de uma missão específica a cumprir na Igreja.

A obediência é um "sim" ao plano de Deus que confiou uma tarefa especial a um grupo de pessoas. Comporta uma ligação com a missão, mas também com a comunidade que deve realizar aqui e agora seu serviço; exige também um lúcido olhar de fé para os superiores, que "desempenham sua tarefa de serviço e de guia"[32] e devem tutelar a conformidade do trabalho apostólico com a missão. E assim em comunhão com eles se deve realizar a divina vontade, a única que pode salvar.

A pobreza: a partilha dos bens — também dos bens espirituais — foi, desde o início, a base da comunhão fraterna. A pobreza de cada um, que comporta um estilo de vida simples e austero,

31. Cf. RPH 25.
32. Cf. MR 13.

não só liberta das preocupações inerentes aos bens pessoais, mas sempre enriqueceu a comunidade, que podia assim se empenhar mais eficazmente a serviço de Deus e dos pobres.

A pobreza inclui a dimensão econômica: a possibilidade de dispor do dinheiro, como se fosse próprio, quer para si quer para os próprios familiares, um estilo de vida muito diferente do dos confrades e da sociedade pobre em que freqüentemente se vive ferem e enfraquecem a vida fraterna.

Também a "pobreza de espírito", a humildade, a simplicidade, o reconhecer os dons dos outros, a valorização das realidades evangélicas como "a vida escondida com Cristo em Deus", a estima pelo sacrifício oculto, a valorização dos últimos, o gastar-se por causas não-retribuídas ou não-reconhecidas... são todos aspectos unitivos da vida fraterna realizados pela pobreza professada.

Uma comunidade de "pobres" é capaz de ser solidária com os pobres e de manifestar qual é o núcleo da evangelização, porque apresenta concretamente a força transformadora das bem-aventuranças.

Na dimensão comunitária, a *castidade* consagrada, que implica também uma grande pureza de mente, de coração e de corpo, exprime uma grande liberdade para amar a Deus e tudo o que é de Deus com amor indiviso. Por isso, implica ainda uma total disponibilidade de amar e servir a todos os homens tomando presente o amor de Cristo. Esse amor, não egoísta nem exclusivo, não possessivo nem escravo da paixão, mas universal e desinteressado, livre e libertador, tão necessário para a missão, deve ser cultivado e cresce por meio da vida fraterna. Assim aqueles que vivem o celibato consagrado "são recordação do admirável conúbio realizado por Deus e que se manifestará plenamente no século futuro, pelo qual a Igreja tem Cristo como seu único esposo".[33]

Essa dimensão comunitária dos votos tem necessidade de contínuo cuidado e aprofundamento, cuidado e aprofundamento típicos da formação permanente.

45. O carisma

É o segundo aspecto a ser privilegiado na formação permanente, tendo em vista o crescimento da vida fraterna.

"A consagração religiosa estabelece uma particular comunhão entre o religioso e Deus e, em Deus, entre os membros de um mesmo instituto (...). Seu fundamento é a comunhão em Cristo estabelecida pelo único carisma originário."[34]

Por isso, a referência ao próprio fundador e ao carisma por ele vivido e comunicado e, depois, conservado, aprofundado e desenvolvido ao longo de toda a vida do instituto,[35] aparece como um componente fundamental para a unidade da comunidade.

33. PC 12; cf. também cân. 607.
34. EE 18; cf. MR 11-12.
35. Cf. MR 11.

Viver em comunidade, na verdade, é viver todos juntos a vontade de Deus, segundo a orientação do dom carismático que o fundador recebeu de Deus e que transmitiu a seus discípulos e continuadores.

A renovação destes anos, ressaltando a importância do carisma originário, através também de uma rica reflexão teológica,[36] favoreceu a unidade da comunidade. Esta é percebida como portadora de um mesmo dom do Espírito, dom que deve ser compartilhado com os irmãos e com o qual é possível enriquecer a Igreja "para a vida do mundo". Por isso, são muito proveitosos os programas de formação que compreendem cursos periódicos de estudo e de reflexão orante sobre o fundador, sobre o carisma e sobre as constituições.

A aprofundada compreensão do carisma leva a uma clara visão da própria identidade, em torno da qual é mais fácil criar unidade e comunhão. Ela permite, além disso, uma adaptação criativa às novas situações e isso oferece perspectivas positivas para o futuro de um instituto.

A falta dessa clareza pode facilmente gerar incertezas nos objetivos e vulnerabilidade diante dos condicionamentos ambientais, diante das correntes culturais e, até, diante das várias necessidades apostólicas, além de gerar incapacidade para adaptar-se e renovar-se.

36. Cf. MR 11-12; EE 11 e 41.

46. É necessário, pois, cultivar a identidade carismática, também para evitar o genericismo que constitui um verdadeiro perigo para a vitalidade da comunidade religiosa.

A esse propósito são assinaladas algumas situações que, nestes anos, feriram e, em alguns lugares, ainda ferem as comunidades religiosas:

— o modo "genericista" — isto é, sem a específica mediação do próprio carisma — no considerar certas indicações da Igreja particular ou certas sugestões provenientes de espiritualidades diversas;

— um tipo de envolvimento em movimentos eclesiais que expõe alguns religiosos ao fenômeno ambíguo da "dupla identidade";

— nas indispensáveis e, muitas vezes, frutuosas relações com os leigos, sobretudo colaboradores, certa conformação à índole laical. E assim, em vez de oferecer o próprio testemunho religioso como um dom fraterno que lhes fermente a autenticidade cristã, mimetiza o modo de ver e de agir dos leigos; e reduzindo o contributo da própria consagração;

— uma excessiva condescendência às exigências da família, aos ideais da nação, da raça e tribo, do grupo social, que arriscam desviar o carisma para posições e interesses parciais.

O "genericismo", que reduz a vida religiosa a um inexpressivo denominador comum, acaba por cancelar a beleza e a fecundidade da multiplicidade dos carismas suscitados pelo Espírito.

A autoridade a serviço da fraternidade

47. É impressão difusa que a evolução destes anos contribuiu para fazer amadurecer a vida fraterna na comunidade. O clima de convivência, em muitas comunidades, melhorou: deu-se mais espaço à participação ativa de todos, passou-se de uma vida em comum demasiadamente baseada na observância a uma vida mais atenta às necessidades de cada um e mais cuidadosa no aspecto humano. O esforço de construir comunidades menos formalistas, menos autoritárias, mais fraternas e participativas, é considerado, em geral, um dos frutos mais evidentes da renovação destes anos.

48. Esse desenvolvimento positivo, em alguns lugares, correu o risco de ver-se comprometido por um espírito de desconfiança para com a autoridade.

O desejo de uma comunhão mais profunda entre os membros e a compreensível reação contra estruturas sentidas como demasiadamente autoritárias e rígidas levaram a não compreender, em toda sua importância, o papel da autoridade. Assim, ela é considerada por alguns até como absolutamente desnecessária para a vida da comunidade e por outros redimensionada à mera tarefa de coordenar as iniciativas dos membros. De tal modo, certo número de comunidades foi induzido a viver sem responsável e outras, a tomar todas as decisões colegialmente. Tudo isso implica o perigo, não só hipotético, de esfacelamento da vida comunitária, que tende inevitavelmente a privilegiar os projetos individuais e, ao mesmo tempo, a obscurecer o papel da autoridade. Esse papel é necessário também para o crescimento da vida fraterna na comunidade, além de necessário para o caminho espiritual da pessoa consagrada.

Por outro lado, os resultados dessas experiências estão levando progressivamente à redescoberta da necessidade e do papel de uma autoridade pessoal, em continuidade com toda a tradição da vida religiosa.

Se o difuso clima democrático favoreceu o crescimento da co-responsabilidade e da participação de todos no processo de decisão também dentro da comunidade religiosa, não se pode esquecer que a fraternidade não é só fruto do esforço humano, mas é também e sobretudo dom de Deus. É dom que vem da obediência à Palavra de Deus e, na vida religiosa, também da obediência à autoridade que recorda essa Palavra e a liga a cada situação, de acordo com o Espírito do instituto.

"Nós vos pedimos, irmãos, que tenhais consideração por aqueles que trabalham entre vós, que são vossos chefes no Senhor e vos admoestam; tende muito respeito e caridade para com eles, por causa de seu trabalho" (1Ts 5,12-13). A comunidade cristã não é uma coletividade anônima, mas, desde o início, é dotada de chefes, para os quais o apóstolo pede consideração, respeito e caridade.

Nas comunidades religiosas, a autoridade, à qual se deve atenção e respeito também em virtude da obediência professada, é posta a serviço da fraternidade, de sua construção, do alcance de suas finalidades espirituais e apostólicas.

49. A renovação destes anos contribuiu para redesenhar a autoridade, com o intento de ligá-la mais estreitamente a suas raízes evangélicas e, portanto, ao serviço do progresso espiritual de cada um e da edificação da vida fraterna na comunidade.

Toda a comunidade tem uma sua missão a cumprir. O serviço da autoridade é voltado, portanto, para uma comunidade que deve cumprir uma missão particular, recebida e qualificada pelo instituto e por seu carisma. Como existem diversas missões, haverá diversos tipos de comunidade e diversos tipos de exercício de autoridade. É também por isso que a vida religiosa detém em seu seio diversos modos de conceber e de exercer a autoridade, definidos pelo direito próprio.

A autoridade é sempre, evangelicamente, um serviço.

50. A renovação destes anos leva a privilegiar alguns aspectos da autoridade:

a) *Uma autoridade espiritual*

Se as pessoas consagradas se dedicaram ao total serviço de Deus, a autoridade favorece e sustenta essa sua consagração. Em certo sentido, pode ser vista como "serva dos servos de Deus". A autoridade tem a função primária de construir, junto com seus irmãos e irmãs, "comunidades fraternas nas quais se busque e se ame a Deus antes de tudo".[37] Por isso, é necessário que seja, antes de tudo, pessoa espiritual, convicta da primazia do espiritual, tanto no que concerne à vida pessoal como no que se refere à construção da vida fraterna, consciente como está de que, quanto mais o amor de Deus cresce nos corações, tanto mais os corações se unem entre si.

Seu dever prioritário será a animação espiritual, comunitária e apostólica de sua comunidade.

b) *Uma autoridade realizadora de unidade*

Uma autoridade realizadora de unidade é aquela que se preocupa em criar o clima favorável para a partilha e a co-responsabilidade, que suscita a contribuição de todos para as coisas de todos, que encoraja os irmãos a assumir as responsabilidades e os sabe respeitar, que "suscita a obediência dos religiosos, no respeito à pessoa humana",[38] que os escuta de bom grado, promovendo sua concorde colaboração para o bem do instituto e da

---

37. Cân. 619.
38. Cân. 618.

Igreja,[39] que pratica o diálogo e oferece oportunos momentos de encontro, que sabe infundir coragem e esperança nos momentos difíceis, que sabe olhar para a frente, a fim de indicar novos horizontes para a missão. E ainda: uma autoridade que procura manter o equilíbrio dos diversos aspectos da vida comunitária. Equilíbrio entre oração e trabalho, entre apostolado e formação, entre compromissos e repouso.

Numa palavra: a autoridade do superior ou da superiora é usada para que a casa religiosa não seja simplesmente um lugar de residência, um aglomerado de pessoas, cada uma vivendo uma história individual, mas uma "comunidade fraterna em Cristo".[40]

c) *Uma autoridade que sabe tomar as decisões finais e lhes assegura a execução*

O discernimento comunitário é um procedimento bastante útil, embora não fácil nem automático, porque envolve competência humana, sabedoria espiritual e desapego pessoal. Onde é praticado com fé e seriedade, pode oferecer à autoridade as melhores condições para tomar as necessárias decisões, tendo em vista o bem da vida fraterna e da missão.

Uma vez tomada uma decisão, de acordo com as modalidades fixadas pelo direito próprio, exige-

---

39. Cf. Ibid.
40. Cân. 619.

se constância e firmeza por parte do superior, para que o que se decidiu não fique só no papel.

51. É necessário, além disso, que o direito próprio seja o mais exato possível ao estabelecer as respectivas competências da comunidade, dos diversos conselhos, dos responsáveis setoriais e do superior. A pouca clareza nesse setor é fonte de confusão e de conflitos.

Também os "projetos comunitários", que podem ajudar a participação na vida da comunidade e em sua missão nos diversos contextos, deveriam ter a preocupação de definir bem o papel e a competência da autoridade, sempre no respeito às constituições.

52. Uma comunidade fraterna e unida é chamada, sempre mais, a ser um elemento importante e eloqüente da contracultura do Evangelho, sal da terra e luz do mundo.

Assim, por exemplo, se na sociedade ocidental envolvida pelo individualismo, a comunidade religiosa é chamada a ser um sinal profético da possibilidade de realizar em Cristo a fraternidade e a solidariedade, nas culturas envolvidas pelo autoritarismo ou pelo comunitarismo, é chamada a ser um sinal de respeito e de promoção da pessoa humana, como também do exercício da autoridade de acordo com a vontade de Deus.

A comunidade religiosa, ao mesmo tempo em que deve assumir a cultura do lugar, é chamada também a purificá-la e a elevá-la por meio do sal e da luz do Evangelho, apresentando, em suas fraternidades realizadas, uma síntese concreta do que seja não só uma evangelização da cultura, mas também uma inculturação evangelizadora e uma evangelização inculturada.

53. Não se pode, enfim, esquecer que em toda esta delicada, complexa e freqüentemente sofrida questão, cabe um papel decisivo à fé, que permite compreender o mistério salvífico da obediência.[41] De fato, como da desobediência de um homem veio a desagregação da família humana e como da obediência do Homem novo iniciou-se sua reconstrução (cf. Rm 5,19), assim a atitude obediente será sempre uma força indispensável para qualquer vida familiar. A vida religiosa sempre viveu dessa convicção de fé e também hoje é chamada a vivê-la com coragem, para não correr em vão na busca de relações fraternas e para ser uma realidade evangelicamente significativa na Igreja e na sociedade.

A fraternidade como sinal

54. As relações entre vida fraterna e atividade apostólica, em particular nos institutos dedicados às obras de apostolado, não têm sido sempre claras e não raramente têm provocado tensões, tanto na vida particular, como na vida em comunidade. Para alguns, o "fazer comunidade" representa um obstáculo para a missão, quase um

---

41. Cf. PC 14; EE 49.

perder tempo em questões, afinal, secundárias. É necessário lembrar a todos que a comunhão fraterna, enquanto tal, já é apostolado, isto é, contribui diretamente para a obra de evangelização. De fato, o sinal por excelência deixado pelo Senhor é o da fraternidade vivida: "Nisto todos conhecerão que sois meus discípulos, se vos amardes uns aos outros" (Jo 13,35).

Junto com a missão de pregar o Evangelho a todas as criaturas (cf. Mt 28,19-20), o Senhor enviou seus discípulos para viverem unidos, "para que o mundo creia" que Jesus é o Enviado do Pai, ao qual se deve dar o pleno assentimento de fé (cf. Jo 17,21). O sinal da fraternidade é, portanto, de grandíssima importância, porque é o sinal que mostra a origem divina da mensagem cristã e que tem a força de abrir os corações à fé. Por isso, "toda a fecundidade da vida religiosa depende da qualidade da vida fraterna em comum".[42]

55. A comunidade religiosa, se e enquanto cultiva em seu seio a vida fraterna, tem presente, de forma contínua e legível, esse "sinal" do qual a Igreja tem necessidade sobretudo na tarefa da nova evangelização.

Também por isso a Igreja dá tanta importância à vida fraterna das comunidades religiosas: quanto mais intenso é o amor fraterno, maior

---

[42] João Paulo II à Reunião Plenária da Congregação para os Institutos de Vida Consagrada e as Sociedades de Vida Apostólica (20. 11. 1992), em OR de 21.11.1992, n. 3.

é a credibilidade da mensagem anunciada, mais perceptível é o coração do mistério da Igreja-sacramento, da união dos homens com Deus e dos homens entre si.[43] Sem ser o "tudo" da missão da comunidade religiosa, a vida fraterna é um de seus elementos essenciais. A vida fraterna é tão importante quanto a ação apostólica.

Não se pode, pois, invocar as necessidades do serviço apostólico para admitir ou justificar uma vida comunitária medíocre. A atividade dos religiosos deve ser atividade de pessoas que vivem em comum e que informam de espírito comunitário seu agir, que tendem a difundir o espírito fraterno com a palavra, a ação e o exemplo.

Situações particulares, tratadas a seguir, podem exigir adaptações que, no entanto, não devem ser tais que impeçam o religioso de viver a comunhão e o espírito da própria comunidade.

56. A comunidade religiosa, consciente de suas responsabilidades em relação à grande fraternidade que é a Igreja, torna-se também um sinal da possibilidade de viver a fraternidade cristã, como também do preço que é necessário pagar para a construção de qualquer forma de vida fraterna.

Além disso, em meio às diversas sociedades de nosso planeta, marcadas por paixões e por interesses contrastantes que as dividem, desejosas de unidade mas incertas quanto aos caminhos a

43. Cf. LG 1.

seguir, a presença de comunidades onde se encontram, como irmãos ou irmãs, pessoas de diferentes idades, línguas e culturas, permanecendo unidas não obstante os inevitáveis conflitos e dificuldades que uma vida em comum comporta, é já um sinal que atesta algo de mais elevado, que faz olhar mais para o alto.

"As comunidades religiosas, que anunciam com sua vida a alegria e o valor humano e sobrenatural da fraternidade cristã, proclamam a nossa sociedade, com a eloqüência dos fatos, a força transformadora da Boa Nova".[44]

"Mas, sobretudo, distingui-vos pela caridade, que é o laço da perfeição" (Cl 3,14), o amor como foi ensinado e vivido por Jesus Cristo e nos é comunicado por meio de seu Espírito. Esse amor que une é o mesmo que impele a comunicar, também aos outros, a experiência de comunhão com Deus e com os irmãos. Isto é: gera os apóstolos impulsionando as comunidades para o caminho da missão, seja ela contemplativa, seja de anúncio da Palavra, seja de ministérios de caridade. O amor de Deus quer invadir o mundo: a comunidade fraterna se torna missionária deste amor e sinal profético de sua força unificante.

57. A qualidade da vida fraterna tem também forte influência sobre a perseverança de cada religioso.

---

44. João Paulo II à Reunião Plenária da CIVCSVA (20.11.1992), n. 4.

Como a medíocre qualidade da vida fraterna foi freqüentemente apontada como motivação de não poucas defecções, assim a fraternidade vivida constituiu e ainda constitui válido sustentáculo para a perseverança de muitos.

Numa comunidade verdadeiramente fraterna, cada um se sente co-responsável pela fidelidade do outro; cada um dá seu contributo para um clima sereno de partilha de vida, de compreensão, de ajuda mútua; cada um está atento aos momentos de cansaço, de sofrimento, de isolamento, de desmotivação do irmão; cada um oferece seu apoio a quem está aflito pelas dificuldades e pelas provações.

Assim, a comunidade religiosa, que sustenta a perseverança de seus componentes, adquire também a força de sinal da perene fidelidade de Deus e, portanto, de sustentáculo para a fé e para a fidelidade dos cristãos, imersos nas vicissitudes deste mundo, que cada vez menos parece conhecer os caminhos da fidelidade.

CAPÍTULO III

A comunidade religiosa, lugar e sujeito da missão

58. Como o Espírito Santo ungiu a Igreja já no Cenáculo para enviá-la a evangelizar o mundo, assim cada comunidade religiosa, como autêntica comunidade "pneumática" do Ressuscitado, é, conforme sua própria natureza, apostólica.

De fato, "a comunhão gera comunhão e se configura essencialmente como comunhão missionária... a comunhão e a missão estão profundamente unidas, compenetram-se e se implicam naturalmente, a ponto de a comunhão representar a fonte e, ao mesmo tempo, o fruto da missão; a comunhão é missionária e a missão é para a comunhão".[1]

Cada comunidade religiosa, mesmo aquela especificamente contemplativa, não está voltada para si mesma, mas se faz anúncio, diaconia e testemunho profético. O Ressuscitado que vive nela, comunicando-lhe o próprio Espírito, converte-a em testemunha da ressurreição.

1. Chl 32; cf. também PO 2.

Comunidade religiosa e missão

Antes de refletir sobre algumas situações particulares a que a comunidade religiosa deve fazer face hoje nos diversos contextos do mundo para ser fiel a sua missão específica, é oportuno considerar aqui peculiares relações entre os diversos tipos de comunidade religiosa e a missão que são chamadas a cumprir.

59. a) O Concílio Vaticano II afirmou: "Os religiosos ajam com todo o cuidado, a fim de que, por seu meio, a Igreja possa apresentar melhor Cristo aos fiéis e aos infiéis, quer quando ele contempla sobre o monte, quer quando anuncia o Reino de Deus às multidões, quer quando cura doentes e feridos e converte para melhor vida os pecadores, quer quando abençoa as crianças e faz o bem a todos, sempre obediente à vontade do Pai que o enviou".[2]

Da participação nos diversos aspectos da missão de Cristo, o Espírito faz surgir diversas famílias religiosas caracterizadas por diferentes missões e, portanto, por diversos tipos de comunidade.

b) A comunidade de tipo contemplativo (que apresenta Cristo sobre o monte) é centrada na dupla comunhão: com Deus e entre seus membros. Ela tem uma projeção apostólica eficacíssima, que fica, porém, em boa parte escondida no mistério. A comunidade "apostólica" (que apresenta Cris-

2. LG 46 a.

to entre as multidões) é consagrada para um serviço ativo a ser prestado ao próximo, serviço caracterizado por um carisma particular.

Algumas das "comunidades apostólicas" são mais centradas na vida comum, de modo que o apostolado depende da possibilidade de fazer comunidade; outras são decididamente orientadas para a missão, dependendo o tipo de comunidade do tipo de missão. Os institutos claramente destinados a específicas formas de serviço apostólico acentuam a prioridade da família religiosa inteira, considerada um só corpo apostólico e uma grande comunidade à qual o Espírito deu uma missão a cumprir na Igreja. A comunhão que anima e reúne a grande família é vivida concretamente em cada comunidade local, a quem é confiada a realização da missão, de acordo com as diversas necessidades.

Por isso, há diversos tipos de comunidades religiosas, transmitidos ao longo dos séculos, como a comunidade religiosa monástica, a comunidade religiosa conventual e a comunidade religiosa ativa ou "diaconal".

"A vida comum vivida em comunidade" não tem, pois, o mesmo significado para todos os religiosos. Religiosos monges, religiosos conventuais, religiosos de vida ativa conservam legítimas diferenças no modo de compreender e de viver a comunidade religiosa.

Essa diversidade está presente nas constituições que, delineando a fisionomia do instituto, delineiam também a fisionomia da comunidade religiosa.

c) É constatação geral, especialmente para as comunidades religiosas dedicadas às obras de apostolado, que se torna muito difícil encontrar na prática cotidiana o equilíbrio entre comunidade e empenho apostólico. Se é perigoso contrapor os dois aspectos, é, porém, difícil harmonizá-los. Essa é também uma daquelas tensões fecundas da vida religiosa, que tem a tarefa de fazer crescer, ao mesmo tempo, tanto o discípulo que deve viver com Jesus e com o grupo dos que o seguem, como o apóstolo que deve participar na missão do Senhor.

d) A diversidade de exigências apostólicas nestes anos fez, freqüentemente, conviver dentro do mesmo instituto comunidades notavelmente diferenciadas: grandes comunidades bastante estruturadas e pequenas comunidades bem mais flexíveis, sem perder, porém, a autêntica fisionomia comunitária da vida religiosa.

Tudo isso influencia a vida do instituto e sua própria fisionomia, não mais compacta como em outros tempos, mas mais variada e com diversas maneiras de realizar a comunidade religiosa.

e) Em alguns institutos, a tendência a dedicar mais atenção à missão do que à comunidade, assim como a de privilegiar a diversidade em vez da unidade, influenciou profundamente a vida fraterna em comum, a ponto de fazer dela, às vezes, quase uma opção, ao invés de parte integrante da vida religiosa.

As conseqüências, não certamente positivas, levam a fazer sérias interrogações sobre a oportunidade de continuar nesse caminho e orientam muito mais a empreender o caminho da redescoberta da íntima ligação entre comunidade e missão, para assim superar criativamente os caracteres unilaterais que sempre empobrecem a rica realidade da vida religiosa.

Na Igreja particular

60. Em sua presença missionária, a comunidade religiosa se insere em determinada Igreja particular, à qual leva a riqueza de sua consagração, de sua vida fraterna e de seu carisma.

Com sua simples presença, não só traz em si a riqueza da vida cristã, mas, ao mesmo tempo, constitui um anúncio particularmente eficaz da mensagem cristã. É, pode-se dizer, uma pregação viva e contínua. Essa condição objetiva que, evidentemente, responsabiliza os religiosos, empenhando-os a ser fiéis a essa sua primeira missão, corrigindo e eliminando tudo o que possa atenuar ou enfraquecer o efeito atraente dessa sua imagem, torna muito desejada e preciosa sua presença na Igreja particular, antecedentemente a qualquer outra ulterior consideração.

Sendo a caridade o maior de todos os carismas (cf. 1Cor 13,13), a comunidade religiosa enriquece a Igreja de que é parte viva, antes de tudo com seu amor. Ama a Igreja universal e a Igreja particular na qual está inserida, porque é dentro da Igreja e como Igreja que ela se sente em contato com a comunhão da Trindade bem-aventurada e beatificante, fonte de todos os bens, tornando-se, assim, manifestação privilegiada da natureza íntima da Igreja mesma.

Ama sua Igreja particular, enriquece-a com seus carismas e a abre a uma dimensão mais universal. As delicadas relações entre as exigências pastorais da Igreja particular e a especificidade carismática da comunidade religiosa foram afrontadas pelo documento *Mutuae relationes,* que, com suas indicações teológicas e pastorais, deu um importante contributo para uma mais cordial e intensa colaboração. Chegou o momento de retomá-lo para dar um ulterior impulso ao espírito de verdadeira comunhão entre comunidade religiosa e Igreja particular.

As dificuldades crescentes da missão e da escassez de pessoal podem tentar ao isolamento tanto a comunidade religiosa como a Igreja particular: isso não favorece certamente nem a compreensão nem a colaboração mútua.

Assim, de uma parte, a comunidade religiosa corre o risco de estar presente na Igreja particular sem uma ligação orgânica com sua vida e sua pastoral; de outra parte, tende-se a reduzir a vida religiosa só às tarefas pastorais. Mais ainda: se a vida religiosa tende a sublinhar, com força crescente, a própria identidade carismática, a Igreja particular faz, muitas vezes, apelos prementes e insistentes por energias a serem inseridas na pastoral diocesana e paroquial. O *Mutuae relationes* está longe, tanto da idéia de isolamento e de independência da comunidade religiosa em relação à Igreja particular, como de sua prática absorção no âmbito da Igreja particular.

Como a comunidade religiosa não pode agir independentemente ou como alternativa, ou, menos ainda, contra as diretivas e a pastoral da Igreja particular, assim a Igreja particular não pode dispor a seu bel-prazer, de acordo com suas necessidades, da comunidade religiosa ou de alguns de seus membros.

É necessário lembrar que a falta de consideração pelo carisma de uma comunidade religiosa não é útil nem à Igreja particular, nem à própria comunidade. Somente se ela tiver uma precisa identidade carismática pode inserir-se na "pastoral de conjunto" sem desnaturar-se, mas, pelo contrário, enriquecendo essa pastoral com seu dom.

Não se pode esquecer que todo o carisma nasce na Igreja e para o mundo e deve ser constantemente reconduzido a suas origens e a suas finalidades; é vivo na medida em que lhes é fiel.

Igreja e mundo permitem sua interpretação, solicitam-no e o estimulam a uma crescente atualidade e vitalidade. Carisma e Igreja particular não são feitos para confrontar-se, mas para apoiar-se e completar-se, especialmente neste momento em que emergem não poucos problemas de atualização do carisma e de sua inserção na realidade tão mudada.

Na base de muitas incompreensões está, às vezes, o fragmentário conhecimento recíproco, seja da Igreja particular, seja da vida religiosa e das funções do Bispo em relação a ela.

Recomenda-se vivamente não deixar faltar um curso específico de teologia da vida consagrada nos seminários teológicos diocesanos, onde seja estudada em seus aspectos dogmático-jurídico-pastorais. Também os religiosos não sejam privados de uma adequada formação teológica sobre a Igreja particular.[3]

Mas, sobretudo, será uma comunidade religiosa fraterna a sentir o dever de difundir aquele clima de comunhão que ajuda toda a comunidade cristã a sentir-se a "família dos filhos de Deus".

61. *A paróquia*

Nas paróquias, em alguns casos, torna-se muito trabalhoso combinar vida paroquial e vida comunitária.

Em algumas regiões, para os religiosos sacerdotes, a dificuldade de fazer comunidade no exercício do ministério paroquial cria não poucas

3. Cf. MR 30 b, 47.

tensões. O intenso trabalho na pastoral paroquial é feito, às vezes, em detrimento do carisma do instituto e da vida comunitária, a ponto de fazer perder aos fiéis e ao clero secular, e também aos próprios religiosos, a percepção da peculiaridade da vida religiosa.

As urgentes necessidades pastorais não devem levar a esquecer que o melhor serviço da comunidade religiosa à Igreja é o de ser fiel a seu carisma. Isso se reflete também na aceitação e direção de paróquias: dever-se-iam privilegiar as paróquias que permitam viver em comunidade e nas quais seja possível exprimir o próprio carisma.

Igualmente a comunidade religiosa feminina, freqüentemente solicitada a estar presente na pastoral paroquial de forma mais direta, experimenta dificuldades semelhantes.

Também aqui, é importante repeti-lo, sua inserção será tanto mais frutuosa quanto mais a comunidade religiosa puder estar presente com sua fisionomia carismática.[4] Tudo isso pode ser de grande vantagem tanto para a comunidade religiosa como para a pastoral mesma, na qual as religiosas são normalmente bem-aceitas e apreciadas.

62. *Os movimentos eclesiais*

Os movimentos eclesiais, no sentido mais amplo da palavra, dotados de viva espiritualidade e de vitalidade apostólica, têm atraído a atenção

---

4. MR 49-50.

de alguns religiosos que deles participaram, colhendo às vezes frutos de renovação espiritual, de dedicação apostólica e de um novo despertar vocacional. Mas, algumas vezes, têm levado também divisões à comunidade religiosa.

É oportuno, pois, observar o seguinte:

a) Alguns movimentos são simplesmente movimentos de animação; outros, ao contrário, têm projetos apostólicos que podem ser incompatíveis com os da comunidade religiosa.

Varia também o nível de envolvimento das pessoas consagradas: algumas participam só como assistentes, outras são participantes ocasionais, outras ainda são membros estáveis e em plena harmonia com a própria comunidade e espiritualidade. Aquelas, porém, que manifestam pertencer principalmente ao movimento e se afastam psicologicamente do próprio instituto causam problema, porque vivem numa divisão interior: moram na comunidade, mas vivem de acordo com os planos pastorais e as diretivas do movimento.

É preciso, pois, discernir cuidadosamente entre os vários movimentos e entre as diversas formas de envolvimento do religioso.

b) Os movimentos podem constituir um desafio fecundo para a comunidade religiosa, para sua tensão espiritual, para a qualidade de sua oração, para a eficácia de suas iniciativas apostólicas, para sua fidelidade à Igreja, para a intensidade de sua vida fraterna. A comunidade religiosa deveria estar disponível para o encontro com os movimentos, com uma atitude de mútuo conhecimento, de diálogo e de intercâmbio de dons.

A grande tradição espiritual — ascética e mística — da vida religiosa e do instituto pode ser útil também para os novos movimentos.

c) Problema fundamental no relacionamento com os movimentos é sempre a identidade de cada pessoa consagrada: se esta é sólida, o relacionamento é produtivo para ambos.

Para os religiosos e religiosas que parecem viver mais no e para o movimento que na e para a comunidade religiosa, é bom lembrar o que afirma a instrução *Potissimum institutioni:* "Um instituto tem uma coerência interna, que recebe de sua natureza, de sua finalidade, de seu espírito, de seu caráter e de suas tradições. Todo esse patrimônio constitui o eixo em torno do qual se mantêm a identidade e a unidade do próprio instituto e a unidade de vida de cada um de seus membros. É um dom do Espírito à Igreja que não pode suportar interferências nem misturas. O diálogo e a partilha no seio da Igreja supõem que cada um tenha perfeita consciência daquilo que é.

Um candidato à vida religiosa (...) não pode depender, ao mesmo tempo, de um responsável externo ao instituto (...) e dos superiores do instituto.

Essas exigências permanecem também depois da profissão, a fim de eliminar qualquer fenômeno de múltipla pertença, tanto no plano da vida espiritual do religioso como no plano de sua missão".[5]

A participação em um movimento será positiva para o religioso ou para a religiosa se reforçar sua identidade específica.

Algumas situações particulares

63. *Inserção nos ambientes populares*

Juntamente com tantos irmãos na fé, as comunidades religiosas estiveram entre os primeiros a inclinar-se sobre as pobrezas materiais e espirituais de seu tempo, de forma incessantemente renovada.

A pobreza tem sido nestes anos um dos temas que mais apaixonaram e sensibilizaram o coração dos religiosos. A vida religiosa se perguntou com seriedade como colocar-se à disposição do evangelizar os pobres *(evangelizare pauperibus)*, mas também como ser evangelizado pelos pobres *(evangelizari a pauperibus)*, como deixar se evangelizar pelo contato com o mundo dos pobres.

Nessa grande mobilização em que os religiosos escolheram o programa de ser "todos para os pobres", "muitos com os pobres", "alguns como os pobres", quer-se assinalar aqui algumas das realizações que se referem aos que querem ser "como os pobres".

5. PI 93.

Diante do empobrecimento de grandes camadas da população, especialmente nas zonas abandonadas e periféricas das metrópoles e nos ambientes rurais esquecidos, surgiram "comunidades religiosas de inserção". Elas são uma das expressões da opção evangélica preferencial e solidária pelos pobres; buscam acompanhá-los em seu processo de libertação integral, mas são fruto também do desejo de descobrir Cristo pobre no irmão marginalizado, a fim de servi-lo e de conformar-se com ele.

a) A "inserção", como ideal de vida religiosa, desenvolve-se no contexto do movimento de fé e de solidariedade das comunidades religiosas com os mais pobres.

É uma realidade que não pode deixar de suscitar admiração pela carga de dedicação pessoal e pelos grandes sacrifícios que comporta, por um amor aos pobres que impele a compartilhar sua real e dura pobreza, pelo esforço de tornar presente o Evangelho nas camadas da população sem esperança, para aproximá-los da Palavra de Deus e para fazê-los sentir-se parte viva da Igreja.[6] Essas comunidades freqüentemente se localizam em lugares fortemente marcados por um clima de violência que gera insegurança e, às vezes, até mesmo perseguição e perigo de vida. Sua coragem é grande e permanece um claro testemunho da esperança de que se pode viver como irmãos, não obstante todas as situações de dor e de injustiça.

6. Cf. SD 85.

Enviadas, muitas vezes, aos postos avançados da missão, testemunhas, às vezes, da criatividade apostólica dos fundadores, essas comunidades religiosas devem poder contar com a simpatia e a oração fraterna dos outros membros do instituto e com a solicitude particular dos superiores.[7]

b) Essas comunidades religiosas não devem ser abandonadas a si mesmas; pelo contrário, devem ser ajudadas para que consigam viver a vida comunitária, isto é, tenham espaços para a oração e para a comunhão fraterna. Assim, não serão levadas a relativizar a originalidade carismática do instituto em nome de um serviço indistinto aos pobres, e também seu testemunho evangélico não será perturbado por interpretações ou instrumentalizações parciais.[8]

Os superiores terão, pois, cuidado de escolher as pessoas aptas e de preparar essas comunidades de modo a assegurar a ligação com as outras comunidades do instituto, para garantir-lhes a continuidade.

c) Um aplauso se deve dar às outras comunidades religiosas que se interessam efetivamente pelos pobres, seja na modalidade habitual, seja com novas formas mais adaptadas às novas pobrezas, seja, ainda, através da sensibilização de todos os ambientes aos problemas da pobreza, suscitando nos leigos disponibilidade para o serviço,

---

7. Cf. RPH 6; EN 69; SD 92.
8. Cf. PI 28.

vocações para o empenho social e político, organizações de ajuda e voluntariado.

Tudo isso testemunha que na Igreja está viva a fé e operante o amor para com o Cristo presente no pobre: "Tudo o que fizestes a um destes pequeninos, a mim o fizestes" (Mt 25,40).

Onde a inserção entre os pobres se tornou — para os pobres e para a própria comunidade — uma verdadeira experiência de Deus, provou-se a verdade da afirmação de que os pobres são evangelizados e de que os pobres evangelizam.

64. *Pequenas comunidades*

a) Sobre as comunidades influíram também outras realidades sociais. Em algumas regiões economicamente mais desenvolvidas, o Estado estendeu sua ação ao campo da escola, da saúde, da assistência, muitas vezes de modo a não deixar espaço para outros agentes, entre os quais as comunidades religiosas. Por outro lado, a diminuição no número de religiosos e religiosas e, em alguns lugares, também uma visão incompleta da presença dos católicos na ação social, vista mais como suplência do que como manifestação originária da caridade cristã, tornou difícil dirigir obras complexas.

Daí o progressivo abandono das obras tradicionais, por muito tempo dirigidas por comunidades consistentes e homogêneas, e o multiplicar-se de pequenas comunidades com um novo tipo de serviços, na maioria das vezes em harmonia com o carisma do instituto.

b) As pequenas comunidades se difundiram também por opção deliberada de alguns institutos, com a intenção de favorecer a união fraterna e a colaboração por meio de relações mais estreitas entre as pessoas e um recíproco e mais compartilhado assumir de responsabilidades.

Tais comunidades, como reconhece a *Evangelica testificatio*,[9] são certamente possíveis, embora se revelem mais exigentes para seus membros.

c) As pequenas comunidades, muitas vezes em estreito contato com a vida de cada dia e com os problemas do povo, mas também mais expostas à influência da mentalidade secularizada, têm a grande tarefa de ser visivelmente lugares de alegre fraternidade, de zelo ardoroso e de esperança transcendente.

É necessário, pois, que elas dêem um programa de vida sólido, flexível e obrigatório, aprovado pela competente autoridade, que assegure ao apostolado sua dimensão comunitária. Esse programa será adaptado às pessoas e às exigências da missão, de tal modo que favoreça o equilíbrio entre oração e atividade, entre momentos de intimidade comunitária e de trabalho apostólico. Preverá, além disso, encontros periódicos com outras

9. Cf. ET 40.

comunidades do mesmo instituto, justamente para superar o perigo de isolar-se e marginalizar-se da grande comunidade do instituto.

d) Embora as pequenas comunidades possam apresentar vantagens, normalmente não é recomendável que um instituto seja constituído só de pequenas comunidades. As comunidades mais numerosas são necessárias. Elas podem oferecer, quer a todo o instituto, quer às pequenas comunidades, apreciáveis serviços: cultivar com mais intensidade e riqueza a vida de oração e as celebrações, ser lugares privilegiados para o estudo e a reflexão, oferecer possibilidades de retiro e de repouso aos membros que trabalham nas fronteiras mais difíceis da missão evangelizadora.

Esse intercâmbio entre uma comunidade e outra se torna fecundo com um clima de benevolência e de acolhimento.

Todas as comunidades sejam reconhecíveis, sobretudo, por sua fraternidade, pela simplicidade de vida, pela missão em nome da comunidade, pela tenaz fidelidade ao próprio carisma, pelo exalar constante do "perfume de Cristo" (2Cor 2,15); assim, nas mais diversas situações apontam as "vias da paz" também ao homem extraviado e dividido da sociedade atual.

65. *Religiosos e religiosas que vivem sozinhos*

Uma realidade com a qual, às vezes, se depara é a de religiosos e religiosas que vivem sozinhos. A vida comum numa casa do instituto é essencial para a vida religiosa. "Os religiosos vivam na própria casa religiosa, observando a vida comum. Não devem viver sozinhos sem sérios motivos, sobretudo se uma comunidade de seu instituto se encontra nas proximidades".[10]

Há, todavia, exceções que devem ser avaliadas e podem ser autorizadas pelo superior[11] por motivos de apostolado em nome do instituto (como, por exemplo, trabalhos exigidos pela Igreja, missões extraordinárias, grandes distâncias em territórios de missão, redução progressiva de uma comunidade a um único religioso numa obra do instituto), ou por motivo de saúde ou de estudo.

Enquanto é tarefa dos superiores cultivar freqüentes contatos com os confrades que vivem fora da comunidade, é um dever desses religiosos manter vivo em si mesmos o sentimento da pertença ao instituto e da comunhão com seus membros, procurando todos os meios aptos para favorecer o estreitamento dos vínculos fraternos. Criem-se, por isso, "tempos fortes" para viver juntos, programem-se encontros periódicos com os outros para a formação, o diálogo fraterno, a revisão e a oração, para respirar em clima de família.

Onde quer que se encontre, a pessoa que pertence a um instituto deve ser portadora do carisma da sua família religiosa.

10. EE. III, 12.
11. Cân. 665 § 1.

Mas o religioso "sozinho" nunca é um ideal. A regra é o religioso inserido numa comunidade fraterna: nessa vida comum a pessoa se consagrou e nesse gênero de vida normalmente desenvolve seu apostolado, a essa vida retorna com o coração e com a presença toda vez que a necessidade o leve a viver longe por um tempo breve ou longo.

a) As exigências de uma mesma obra apostólica, por exemplo, de uma obra diocesana, levou vários institutos a mandar alguns de seus membros para colaborar numa equipe de trabalho intercongregacional. Existem experiências positivas em que religiosas que colaborem no serviço da mesma obra num lugar onde não existem comunidades de seu instituto, ao invés de viverem sozinhas, vivem numa mesma casa, fazem oração em comum, têm reuniões para refletir sobre a Palavra de Deus, compartilham o alimento e os trabalhos domésticos etc. Sempre que isso não signifique substituir a comunicação viva com o próprio instituto, também esse tipo de "vida comunitária" pode ser de vantagem para a obra e para as próprias religiosas.

Os religiosos e as religiosas sejam prudentes em querer assumir trabalhos que exigem o viver normalmente fora da comunidade e igualmente prudentes sejam os superiores ao confiá-los.

b) Também a exigência de socorrer os pais idosos e doentes, que muitas vezes implica em longas ausências da comunidade, necessita de atento discernimento e deve ser possivelmente resolvida com outras soluções, para evitar ausências muito prolongadas do filho ou da filha.

c) Deve-se notar que o religioso que vive sozinho, sem um envio ou uma licença por parte do superior, foge da obrigação da vida comum. Nem é suficiente participar de alguma reunião ou festividade para ser plenamente religioso. Deve-se agir para o desaparecimento progressivo dessas situações injustificadas e inadmissíveis.

d) Em todo caso, é útil lembrar que uma religiosa ou um religioso — mesmo quando habita fora de sua comunidade — está submetido no que se refere a obras de apostolado[12] à autoridade do Bispo, que deve ser avisado de sua presença na diocese.

e) No caso em que, infelizmente, houvesse institutos nos quais a maioria dos membros não vivesse mais em comunidade, esses institutos não poderiam mais ser considerados institutos religiosos. Superiores e religiosos são convidados a refletir seriamente sobre esta penosa eventualidade e, portanto, sobre a importância de retomar vigorosamente a prática da vida fraterna em comunidade.

66. *Nos territórios de missão*

A vida fraterna em comum tem um valor especial nos territórios de missão *ad gentes,* porque demonstra ao mundo, sobretudo não-cristão,

12. Cf. cân. 678 § 1.

a "novidade" do cristianismo, ou seja, a caridade que é capaz de superar as divisões criadas por raça, cor, tribo. As comunidades religiosas, em alguns países onde não se pode proclamar o Evangelho, permanecem como o único sinal e o testemunho silencioso e eficaz de Cristo e da Igreja.

Mas, não raro, é justamente nos territórios de missão que se encontram notáveis dificuldades práticas para construir comunidades religiosas estáveis e consistentes: as distâncias, que exigem grande mobilidade e presença dispersa, a pertença a diversas raças, tribos e culturas, a necessidade da formação em centros intercongregacionais. Esses e outros motivos podem causar obstáculos ao ideal comunitário.

O importante é que os membros dos institutos estejam conscientes do caráter extraordinário dessas situações, cultivem a comunicação freqüente entre si, favoreçam encontros comunitários periódicos e, logo que possível, constituam comunidades religiosas fraternas de forte significado missionário, para que se possa elevar o sinal missionário por excelência: "Sejam um, para que o mundo creia" (Jo 17,21).

67. *A reorganização das obras*

As mudanças das condições culturais e eclesiais, os fatores internos do desenvolvimento dos institutos e a variação de seus recursos podem exigir uma reorganização das obras e da presença das comunidades religiosas.

Essa tarefa, que não é fácil, tem concretas conseqüências de tipo comunitário. Trata-se, de fato, geralmente de obras nas quais irmãos e irmãs gastaram suas melhores energias apostólicas e às quais estão ligados com especiais vínculos psicológicos e espirituais.

O futuro dessa presença, seu significado apostólico e sua reestruturação exigem estudo, confronto e discernimento. Tudo isso pode se tornar uma escola para procurar e seguir juntos a vontade de Deus, mas, ao mesmo tempo, ocasião de dolorosos conflitos difíceis de superar.

Os critérios que não se podem esquecer e que iluminam as comunidades no momento das decisões, às vezes audazes e sofridas, são os seguintes: o empenho de salvaguardar o significado do próprio carisma em determinado ambiente, a preocupação de manter viva uma autêntica vida fraterna e a atenção às necessidades da Igreja particular, portanto, um confiante e constante diálogo com a Igreja particular e também uma ligação eficaz com os organismos de comunhão dos religiosos.

Além da atenção às necessidades da Igreja particular, a comunidade religiosa deve sentir-se sensibilizada por aquilo que o mundo transcura, isto é, pelas novas pobrezas e pelas novas misérias sob as multíplices formas nas quais se apresentam nas diversas regiões do mundo.

A reorganização será criativa e fonte de indicações proféticas, se houver preocupação de lançar sinais de nova presença, mesmo numericamente modesta, para responder às novas necessidades, sobretudo as que provêm dos lugares mais abandonados e esquecidos.

68. *Os religiosos idosos*

Uma das situações nas quais a vida comunitária se encontra hoje mais vezes é o progressivo aumento da idade de seus membros. O envelhecimento adquiriu uma particular importância, seja pela diminuição de novas vocações, seja pelos progressos da medicina.

Para a comunidade esse fato comporta, de uma parte, a preocupação de acolher e valorizar em seu seio a presença e os serviços que os irmãos e as irmãs de idade podem oferecer; de outra parte, comporta a atenção de proporcionar, fraternalmente e de acordo com o estilo da vida consagrada, os meios de assistência espiritual e material de que os idosos necessitam.

A presença de pessoas idosas na comunidade pode ser muito positiva. Um religioso idoso, que não se deixa vencer pelos achaques e pelos limites da própria velhice, mas mantém viva a alegria, o amor e a esperança, é um apoio de incalculável valor para os jovens. Seu testemunho, sua sabedoria e sua oração constituem um encorajamento permanente em seu caminho espiritual e apostólico. Por outro lado, um religioso que se preocupa com os próprios irmãos idosos confere credibilidade evangélica a seu instituto como "verdadeira família convocada no nome do Senhor".[13]

É oportuno que também as pessoas consagradas se preparem, desde longe, para envelhecer e para prolongar o tempo "ativo". Aprendam a descobrir sua nova forma de construir comunidade e de colaborar com a missão comum, por meio da capacidade de responder positivamente aos desafios próprios da idade. Fá-lo-ão com a vivacidade espiritual e cultural, com a oração e com a permanência no setor de trabalho enquanto for possível prestar seu serviço, mesmo que limitado. Os superiores providenciem cursos e encontros com a finalidade de proporcionar uma preparação pessoal e uma valorização, a mais prolongada possível, nos ambientes normais de trabalho.

No momento em que eles já não se bastarem a si mesmos ou tiverem necessidade de cuidados especializados, mesmo quando o tratamento de saúde for confiado a leigos, o instituto deverá providenciar com grande atenção a animação, para que as pessoas se sintam inseridas na vida do instituto, participantes de sua missão, envolvidas em seu dinamismo apostólico, aliviadas na solidão, encorajadas no sofrimento. Elas, de fato, não só não saem da missão, como são integradas ao núcleo mesmo da missão e dela participam de forma nova e mais eficaz.

13. PC 15 a.

Sua fecundidade, embora invisível, não é inferior à das comunidades mais ativas. Antes, estas ganham força e fecundidade da oração, do sofrimento e da aparente inutilidade dessas pessoas. A missão tem necessidade de ambas: os frutos serão manifestados quando vier o Senhor na glória com seus anjos.

69. Os problemas criados pelo crescente número dos idosos se tornam ainda relevantes em alguns mosteiros que experimentam o empobrecimento vocacional. Já que um mosteiro é normalmente uma comunidade e autônoma, é-lhe difícil superar esses problemas por si mesmo. É oportuno, pois, lembrar a importância dos organismos de comunhão, como, por exemplo, as Federações, a fim de superar situações de excessivo empobrecimento de pessoal.

A fidelidade à vida contemplativa dos membros do mosteiro exige a união com outro mosteiro da mesma Ordem, cada vez que uma comunidade monástica, por causa do número dos membros, da idade ou da falta de vocações, previr a própria extinção. Mesmo nos casos dolorosos de comunidades que não conseguem viver de acordo com a própria vocação, cansadas por trabalhos práticos ou pela atenção aos membros idosos ou doentes, será necessário procurar reforços da própria Ordem ou optar pela união ou fusão com um outro mosteiro.[14]

14. Cf. PC 21 e 22.

70. Um novo relacionamento com os leigos

A eclesiologia conciliar ressaltou o caráter complementar das diferentes vocações na Igreja, chamadas a ser testemunhas do Senhor ressuscitado em qualquer situação e lugar. Em particular, o encontro e a colaboração entre religiosos, religiosas e fiéis leigos aparece como um exemplo de comunhão eclesial e, ao mesmo tempo, aumenta as forças apostólicas para a evangelização do mundo.

Um apropriado contato entre os valores típicos da vocação laical, como a percepção mais concreta da vida do mundo, da cultura, da política, da economia etc. e os valores típicos da vida religiosa, como a radicalidade do seguimento de Cristo, a dimensão contemplativa e escatológica da existência cristã etc., podem tornar-se um fecundo intercâmbio de dons entre os fiéis leigos e as comunidades religiosas.

A colaboração e o intercâmbio de dons se tornam mais intensos quando grupos de leigos participam por vocação, e no modo que lhes é próprio, no seio da própria família espiritual, do carisma e da missão do instituto. Instaurar-se-ão então relações frutuosas, baseadas sobre laços de madura co-responsabilidade e sustentadas por oportunos itinerários de formação na espiritualidade do instituto.

No entanto, para alcançar esse objetivo, é necessário ter: comunidades religiosas com clara identidade carismática, assimilada e vivida, isto é, em condições de transmiti-la também aos outros, com disponibilidade para a partilha; comunidades religiosas com intensa espiritualidade e com entusiasta missionariedade, para comunicar o mesmo espírito e o mesmo impulso evangelizador; comunidades religiosas que saibam animar e encorajar os leigos a compartilhar o carisma do próprio instituto, de acordo com sua índole secular e de acordo com seu estilo diferente de vida, convidando-os a descobrir novas formas de atualizar o mesmo carisma e a mesma missão. Assim, a comunidade religiosa pode tornar-se um centro de irradiação, de força espiritual, de animação, de fraternidade que cria fraternidade e de comunhão e colaboração eclesial, onde os diversos contributos colaboram para a construção do Corpo de Cristo que é a Igreja.

Naturalmente, a mais estreita colaboração deve desenvolver-se no respeito às recíprocas vocações e aos diversos estilos de vida próprios dos religiosos e dos leigos.

A comunidade religiosa tem suas exigências de animação, de horário, de disciplina e de reserva,[15] de modo que tornam inaceitáveis aquelas formas de colaboração que comportem a coabitação e

---

15. Cf cân. 667 e 607 § 3.

a convivência entre religiosos e leigos, também estes com exigências próprias que devem ser respeitadas.

Ao contrário, a comunidade religiosa perderia sua fisionomia, que deve conservar por meio da guarda da própria vida comum.

CONCLUSÃO

71. A comunidade religiosa, como expressão da Igreja, é fruto do Espírito e participação na comunhão trinitária. Daí o empenho de cada religioso e de todos os religiosos em sentir-se co-responsáveis pela vida fraterna em comum, a fim de que manifeste de modo claro a pertença a Cristo, que escolhe e chama irmãos para viver juntos em seu nome.

"Toda a fecundidade da vida religiosa depende da qualidade da vida fraterna em comum. Mais ainda, a renovação atual na Igreja e na vida religiosa é caracterizada por uma procura de comunhão e de comunidade."[1]

Para algumas pessoas consagradas e para algumas comunidades, o recomeçar a construção de uma vida fraterna em comum pode parecer uma empresa árdua e até utópica. Diante de algumas feridas do passado e das dificuldades do presente, a tarefa pode parecer superior às pobres forças humanas.

Trata-se de retomar com fé a reflexão sobre o sentido teologal da vida fraterna em comum, convencer-se de que através dela passa o testemunho da consagração.

1. João Paulo II à Reunião Plenária da CIVCSVA (20. XI. 1992). n. 3.

"A resposta a esse convite para edificar a comunidade junto com o Senhor, com paciência cotidiana — diz ainda o Santo Padre —, passa ao longo do caminho da cruz, supõe freqüentes renúncias a si mesmos...".[2]

Unidos a Maria, a Mãe de Jesus, nossas comunidades invocam o Espírito, aquele que tem o poder de criar fraternidades irradiantes da alegria do Evangelho, capazes de atrair novos discípulos, seguindo o exemplo da comunidade primitiva: "Eram assíduos em escutar o ensinamento dos Apóstolos e na união fraterna, na fração do pão e nas orações" (At 2,42), "e ia aumentando o número dos homens e das mulheres que acreditavam no Senhor" (At 5,14).

Maria una em torno a si as comunidades religiosas e as sustente cotidianamente na invocação do Espírito, vínculo fermento e fonte de toda a comunhão fraterna.

A 15 de janeiro de 1994, o Santo Padre aprovou o presente Documento da Congregação para os Institutos de Vida Consagrada e as Sociedades de Vida Apostólica, e autorizou sua publicação.

Roma, 2 de fevereiro de 1994, Festa da Apresentação do Senhor.

+ Eduardo Card. MARTÍNEZ SOMALO - *Prefeito*
+ D. Francisco Javier ERRÁZURIZ OSSA - *Secretário*

---

2. Ibid., n. 2.

Índice

Introdução 5

Capítulo I
O dom da comunhão e da comunidade 21

Capítulo II
A comunidade religiosa, lugar de fraternização 29

Capítulo III
A comunidade religiosa, lugar e sujeito da missão 79

Conclusão 107

Rua Dona Inácia Uchoa, 62
04110-020 – São Paulo – SP (Brasil)
Tel.: (11) 2125-3500
http://www.paulinas.com.br – editora@paulinas.com.br
Telemarketing e SAC: 0800-7010081